Bernt Spiegel

Motorradtraining – alle Tage!

Das praktische Übungsbuch zum Standardwerk
„Die obere Hälfte des Motorrads"

A – Z

Einbandgestaltung: Dos Luis Santos unter Verwendung eines Motivs aus dem Archiv von
Motorrad, Europas größter Motorradzeitschrift

Bildnachweis: Edelweiss Bike Travel, Jürgen Weiss (Abb. 3); fact, Joachim Schahl (Abb.
50); Rossen Gargolov (Abb. 51); Achim Hartmann (Abb. 5); Holger Hertneck (Abb. 2);
Institut für Zweiradsicherheit, Frank Ratering (Abb. 23, 46); Markus Jahn (Abb. 20, 21);
MOTORRAD, Michael Schröder (Abb. 31); MO Medien Verlag, Mio (Abb. 37); Horst
Nowak (Abb. 35, 36); Markus Rendl (Abb. 61); Birge Spiegel (Abb. 1, 14, 15, 24, 30, 49);
Hermann F. Vischer (Abb. 7 – 13);
Zeichnungen und Bildbearbeitung Markus Rendl

Eine Haftung des Autors oder des Verlags und seiner Beauftragten
für Personen-, Sach- und Vermögensschäden ist ausgeschlossen.

Für Anregungen, Ratschläge und Hilfe über Jahre hinweg hat der Autor zu danken
den Herren Franz Josef Schermer, Dr.-Ing. Alexander Sporner, Dr.-Ing. Alois Weidele
und den Instruktoren des ACTION TEAM, vor allem Erlend Brodbeck,
Heiner Göttsche, Detlef Jungbauer, Helmut Pohl, Heinrich Rodan, Wolfgang Schnepf,
Claus Schmitt und Alois Tost.

ISBN 978-3-613-03113-5
Die Erstauflage erschien 2006 unter der ISBN 978-3-613-02501-1

2. Auflage 2009

Copyright © der Lizenzausgabe Motorbuch Verlag, Postfach 103743, 70032 Stuttgart.
Ein Unternehmen der Paul Pietsch Verlage GmbH + Co.

Sie finden uns im Internet unter
www.motorbuch-verlag.de

Lektorat: Joachim Kuch
Innengestaltung: Tebitron GmbH, 70839 Gerlingen
Druck und Bindung: Graspo CZ, 76302 Zlin
Printed in Czech Republic

Lesepfad für die Schlüsselthemen

Für die Schlüsselthemen, die in die alphabetisch geordneten Stichwörter
als Kästen eingestreut sind, wird der eingezeichnete Lesepfad vorgeschlagen.

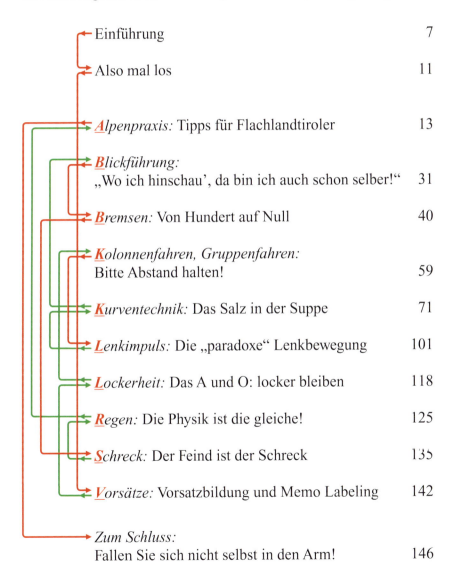

Einführung

Motorradfahren lernt man nicht aus Büchern. Aber Bücher können den Lernprozess enorm unterstützen. Entweder dadurch, dass man zu ganz neuen Einsichten und Grundhaltungen gelangt, wie das beim Lesen der „*Oberen Hälfte des Motorrads*" so manchem schon geschah. Oder dadurch, dass man während einer Ausfahrt von einem praktischen Übungsbuch wie diesem hier – gewissermaßen aus der Tanktasche heraus – immer wieder neue Hinweise erhält und auf Probiermöglichkeiten aufmerksam gemacht wird, die sich auf der Stelle umsetzen lassen und die dem Trainingsfortschritt dienen. Dieses Probieren und Studieren mit den Übungskarten aus diesem Buch sollte bei *alltäglichen Fahrten* geschehen, eigentlich bei jeder Fahrt außerorts.

Die Erfahrung zeigt nun einmal, und die Zahlen belegen es: Aus vielerlei Gründen schaffen es die meisten Motorradfahrer auch mit bestem Willen nicht, an einem systematischen Sicherheitstraining oder Perfektionstraining (was freilich durch nichts zu ersetzen ist!) teilzunehmen. Insofern soll der Titel dieses kleinen Übungsbuches „*Motorradtraining – alle Tage!*" als eine Aufforderung verstanden werden, eine Aufforderung zu ständigem Training. Sie gilt durchaus aber auch für jene, die eben doch gelegentlich an solchen Veranstaltungen teilnehmen, denn die Teilnahme an Trainingsveranstaltungen und dieses *Motorradtraining alle Tage* schließen einander nicht aus – im Gegenteil.

Es sind nicht die klassischen Übungen eines Sicherheitstrainings, sondern vor allem solche, die man bei Fahrten „alle Tage" durchführen kann. Gewiss, diese klassischen Übungen mögen besonders nützlich und zur Weiterentwicklung der eigenen Fahrsicherheit auch besonders wirksam sein, aber die hier gebrachten Übungen haben den nicht zu unterschätzenden Vorzug, dass sie unvergleichlich häufiger, eben im *Alltag*, durchgeführt werden können. Im Alltag – das heißt: ohne besonderen Anlass, auf alltäglichen Fahrten außerorts, wie man sie ohnehin durchgeführt hätte. Der Einwand „Was? Einen ganzen Tag lang soll ich das richtige Anfahren einer Kurve üben!", dieser Einwand zieht nicht. Nicht „einen ganzen Tag lang" wird etwas geübt, sondern „nur so nebenher" während einer Tagestour. Nur dann, wenn eine ganz bestimmte Situation auftritt oder sich eine ganz bestimmte Gelegenheit bietet, wie sie vorher besprochen worden ist, soll auf einen bestimmten Ablauf geachtet werden. Das ist *training along the way*, Training „so nebenher".

Alle Übungen haben sich – vor allem wenn anfangs mehrere Versionen zur Auswahl standen – in zahllosen Tests bewähren müssen. *Motorradtraining alle Tage* ist ein erprobtes Verfahren zur Verbesserung der Fahrfertigkeit und funktioniert buchstäblich vom noch unerfahrenen Beginner bis zum Routinier.

Ein bewusstes *Motorradtraining alle Tage* – das könnte tatsächlich gelingen! Denn Motorradfahrer sind erfahrungsgemäß viel häufiger und viel stärker als Autofahrer daran interessiert, ihre fahrerischen Fähigkeiten und so auch ihren Fahrstil zu verbessern. Das hängt damit zusammen, dass Motorräder heutzutage, im Gegensatz zu

---

Wer Motorrad fährt,
dem geht es um das
Motorradfahren

Autos, längst keine mehr oder weniger nützliche Gebrauchsgegenstände mehr sind, sondern viel eher als Sport- und Freizeitgeräte verstanden werden. Wer heute Motorrad fährt, dem geht es in erster Linie um das Motorradfahren, was man von Autofahrern – sehen wir vom Sportfahrer einmal ab – so gewiss nicht sagen kann.

Es ist schon seit langem bekannt – und das gilt für vielerlei Trainings –, dass das bloße „Herumgurken" ohne Lernabsicht und ohne das ständige Streben nach Verbesserung, wie das bei den meisten Alltagsfahrten, ob kurz oder lang, ja die Regel ist, nicht allzu viel an Übungsfortschritt bringt. Zwar werden die Basisabläufe allmählich flüssiger und selbstverständlicher, und auch die Störanfälligkeit der Abläufe wird geringer. Aber gleichzeitig versteht es ein solcher Fahrer im Laufe der Zeit auch immer besser, sich mit seinen Fehlern und Schwächen zu arrangieren und mit ihnen zurechtzukommen, sodass er gar keinen Zwang verspürt, diese Fehler und Schwächen auszumerzen. *(Ausführlicher: „Die obere Hälfte des Motorrads", S. 150 [4.3] und S. 152 [4.4])[1])*

Zweifellos sammelt er dabei immer mehr *Erfahrung,* aber trotzdem bringt es so mancher Motorradfahrer während seines ganzen Motorradfahrerlebens nicht zu einem wirklich kurzen Bremsweg. Immerhin weiß er – eben „aus Erfahrung" – um seine mangelhafte Verzögerung und rechnet diese mit ein und kommt deshalb in den

---

Erfahrung ist das,
was man zu haben glaubt,
bevor man anfängt,
mehr davon zu erwerben

---

allermeisten Fällen – aber eben nicht immer! – damit aus. So nützliche und manchmal auch so wichtige Dinge wie beispielsweise der *betonte Lenkimpuls* (S. 101) stellen sich nun einmal nicht von selbst ein, sondern bedürfen der Trainingsabsicht – oft sogar der Anleitung! – und wollen erarbeitet werden. So soll es beim *Motorradtraining alle Tage* das Ziel sein, sich bei möglichst vielen Fahrten mit der Verbesserung

---

[1]) Die Hinweise auf die ausführlichere Darstellung in „Die obere Hälfte des Motorrads", Motorbuch Verlag Stuttgart 2006, erfolgen in Kurzform. Die Seitenangaben beziehen sich auf die 6. Auflage. Durch die Angabe von Teil und Abschnitt in eckiger Klammer (hier: 3.Teil, Abschnitt 3 bzw. 4) lässt sich die fragliche Stelle auch in anderen Auflagen leicht finden.

Vorsorgliche Warnung

Beim **Motorradtraining alle Tage** geht es darum, während alltäglicher Fahrten, die Sie *ohnehin* unternehmen wollten, auf ganz bestimmte Abläufe und Handlungen zu achten, die *ohnehin* erforderlich sind. Dennoch sollten Sie die vorgeschlagenen Übungen nicht bei starkem Verkehr machen, sondern sich verkehrsarme Strecken aussuchen, oder abwarten, bis Sie ruhigere Gegenden erreicht haben. Wenn auch bei den allermeisten Übungen keinesfalls ein Fahrverhalten verlangt wird, das vom Üblichen im Straßenverkehr abweicht, so erfordern doch Selbstbeobachtung und Selbstkontrolle zusätzliche Aufmerksamkeit.

Bei den wenigen Übungen, in denen eine Abweichung vom gewohnten (und von den anderen Verkehrsteilnehmern erwarteten) Verhalten verlangt wird (z. B. beim Bremsen auf freier Strecke, Seite 38ff., oder bei ungewöhnlichen Veränderungen in der Fahrlinie, z. B. Seite 92ff.), sollten Sie besonders ruhige Strecken wählen und beim Üben stets darauf achten, dass es sich um übersichtliche Streckenabschnitte handelt, auf denen entgegenkommende oder nachfolgende Verkehrsteilnehmer frühzeitig gesehen werden.

und der Vervollkommnung der Fahrtechnik und des Fahrstils zu befassen, also Trainingsabsicht zu entwickeln und nicht abzuwarten, was sich da vielleicht an Verbesserung allmählich von selbst einstellt. –

Für ein solches Training ist dieses Buch gemacht. Die einzelnen Übungen sind ausführlich erläutert und in Kurzform auf den gelben Übungskarten festgehalten, die unter dem Kartenfenster der Tanktasche oder des Tankrucksacks Platz finden und so an die geplante Übung erinnern. Meistens wird das gar keine isolierte Übung im Sinne von „erst mal anhalten – und jetzt: Achtung, fertig, los" sein, sondern es geht um eine bestimmte Handlung oder Verhaltensweise, die bei der bevorstehenden Ausfahrt dem Fahrer ohnehin häufig abverlangt wird und auf die wir nun unser besonderes Augenmerk richten sollen. Die Übungskarte gibt uns dazu in Kurzform noch einmal die wichtigsten Hinweise und Empfehlungen und macht auf mögliche Gefahren aufmerksam. Freilich sollte man vorher die betreffenden Abschnitte, zu denen diese Übung gehört, zu Hause einmal im Ganzen gelesen haben. Die einzelnen Punkte auf der gelben Übungskarte prägt man sich direkt vor dem Losfahren noch einmal kurz ein. Auf jeden Fall sollte man sie, so kurz sie auch sind, nur im Stand lesen. Während der Fahrt kommt allenfalls ein kurzer Kontrollblick in Frage, zum Beispiel auf den nächsten Punkt, der zu absolvieren ist, den man aber schon kennt.

In den Fahrpausen können dann aufkommende Fragen zum Training geklärt werden, wie sie sich vor allem im Gespräch unter Gleichgesinnten rasch einstellen. Dabei ist der **ABC**-Aufbau des Büchleins nützlich, der sowohl für die Stichwörter als auch für die ausführlicheren Schlüsselthemen gilt.

Anschließend kann man dann weitere Dinge, die man vielleicht schon lange einmal ausprobieren wollte, für den nächsten Fahrtabschnitt festlegen und die entsprechende Übungskarte dazu einlegen.

Die Mühe eines *Motorradtrainings alle Tage* lohnt sich bestimmt! Nicht nur, dass die Alltagsfahrten – und auch die Fahrpausen – interessanter werden, man wird vor allem schon bald einen stetigen Zugewinn an Fahrfertigkeit bemerken. Und dieser kommt nun einmal nicht nur der Sicherheit zugute, sondern auch dem Spaß. Denn je besser wir eine Tätigkeit beherrschen, desto mehr Vergnügen macht uns ihre Ausübung.

Also mal los!

Die Übungen sind in die einzelnen Schlüsselthemen wie zum Beispiel „Lockerheit" oder „Kurventechnik" eingebaut. Schlüsselthemen, das sind im Folgenden die etwas längeren Textkästen, die über mehrere Seiten gehen. Sie sind alphabetisch geordnet, denn man kann sie in beliebiger Reihenfolge und somit auch einzeln lesen. Für den Anfang aber ist es am einfachsten, wenn Sie sich beim Lesen an die Vorschläge zur Reihenfolge halten. Aber dieser Lesepfad ist nicht unbedingt bindend: Wer will, kann mit jedem beliebigen Schlüsselthema zu lesen anfangen und mit jedem beliebigen fortfahren, je nach augenblicklichem Interesse. Die Auswahl wird sich danach richten, was man gerade mit dem Motorrad vorhat (vielleicht eine Ausfahrt mit hohem Regenrisiko?); oder wo man schon lange das Gefühl hat, dass das ein Thema ist, um das man sich einmal kümmern müsste.

Im Idealfall sollten Sie am Ende alle Schlüsselthemen gelesen und alle Übungen einmal durchprobiert haben. Manches braucht man sich vielleicht nur ein einziges Mal zum Üben vorzunehmen, anderes muss immer und immer wieder trainiert werden, um stets verfügbar zu bleiben.

Wer aber in diesem Buch ohne Trainingsabsicht nur erst einmal lesen möchte – nun, auch nicht schlecht. Das bloße Bewusstmachen der einzelnen Abläufe und der Gefahren, das Bewusstmachen des ganzen *Wenn und Aber* ohne praktisches Üben hat gewiss auch schon seinen Nutzen. Man kann sich dabei ja trotzdem dieses und jenes zum gelegentlichen Ausprobieren einmal vormerken.

Hier die alphabetische Liste der *Schlüsselthemen*:
Alpenpraxis: Tipps für Flachlandtiroler
Blickführung: „Wo ich hinschau', da bin ich auch schon selber!"
Bremsen: Von Hundert auf Null
Kolonnenfahren, Gruppenfahren: Bitte Abstand halten!
Kurventechnik: Das Salz in der Suppe
Lenkimpuls: Die „paradoxe" Lenkbewegung
Lockerheit: Das A und O: locker bleiben
Regen: Die Physik ist die gleiche!
Schreck: Der Feind ist der Schreck
Vorsätze: Vorsatzbildung und Memo Labeling

Zehn Schlüsselthemen – so viele sind das ja gar nicht! Bestimmt nicht schlecht ist es, mit dem Schlüsselthema **V**orsätze zu beginnen, denn dieses ganze Training basiert auf der Vorsatzbildung.

Danach – nur ein Vorschlag – fahren Sie am besten mit dem Schlüsselthema **L**ockerheit fort. Denn was immer man sich anschließend als Thema auch vornehmen mag, Lockerheit ist dabei sicherlich ein ganz wichtiger Gesichtspunkt.

Stößt man beim Lesen auf einen ungeläufigen Ausdruck mit einem kleinen Pfeil dahinter (⤴), so findet man nähere Erläuterungen zu diesem Begriff bei den Stichwörtern, die im selben Alphabet wie die Schlüsselthemen stehen.

Weil also nicht unbedingt von vorn nach hinten und auch nicht von **A** bis **Z** gelesen zu werden braucht, ist für den sorgfältigen *Trainee*⤴, der einen sicheren Überblick über das bereits Getane behalten will, am Ende eines jeden Schlüsselthemas ein kleines Kästchen zum Eintragen vorgesehen:

gelesen am:	

Ebenso findet man in den gelben Übungskästen hinter jeder einzelnen Übung ein kleines Feld ☐ zum Ankreuzen ☒ oder Abhaken ☑. Da wird man freilich nicht nach jeder einzelnen Übung anhalten und sein Erledigungskreuzchen setzen. Es reicht durchaus, erst hinterher, in einer Fahrpause – oder sogar erst zu Hause – aus dem Gedächtnis die einzelnen Übungen abzuhaken. Dann sieht man nämlich, was noch fehlt und wo's noch fehlt (zum Beispiel beim Lenkimpuls die vorgesehenen höheren Geschwindigkeiten) oder wo die Ausführung noch etwas dürftig war und noch verbessert werden könnte.

Wenn auch erst hinterher, so sollte man das Abhaken doch einigermaßen sorgfältig machen. Denn immer daran denken: Es ist ja kein Instruktor und kein Trainer dabei, der aufpasst, deshalb müssen wir uns schon selber ein wenig an die Kandare nehmen. Um auch das etwas zu erleichtern, ist auf der Rückseite der Übungskarten ein Feld zum Eintragen vorgesehen, das so aussieht:

Übungen durchgeführt am:	

*Vorschlag für den Lesepfad: weiter mit Schlüsselthema **V**orsätze*

A

Ablaufgewissheit. Die Ablaufgewissheit bezieht sich auf das Erlebnis des Ausführenden einer Handlung und sagt etwas über die Selbstverständlichkeit aus, mit der über diese Handlung verfügt wird. Sie steht in engem Zusammenhang mit einem ausreichenden *Bewegungsentwurf*⤢. Der Grad der Ablaufgewissheit ist, z.B. für den Trainer, auch von außen erkennbar. Sie gilt als wichtige Voraussetzung für Spitzenleistungen und ist mit speziellen Methoden trainierbar.

Ablösepunkt s. *Einlenkpunkt*⤢1)

ABS (**A**ntiblockier**b**rems**s**ystem) ermöglicht Vollbremsungen ohne eine *Blockade*⤢ der Räder, die speziell beim Vorderrad unbedingt vermieden werden muss, da sie fast unvermeidlich zum Sturz führt. Die Überlegenheit einer Bremsanlage mit ABS wird vor allem deutlich bei einer Vollbremsung auf einer Fahrbahn mit Stellen unterschiedlicher Griffigkeit. Ein nicht zu unterschätzender Nebeneffekt des ABS besteht darin, dass der Fahrer in der Gewissheit, durch das ABS vor einer Überbremsung geschützt zu sein, weniger zögerlich, d.h. mit genügend steilem Druckanstieg und stark genug bremst und so auch außerhalb des Regelbereichs des ABS bessere Bremsergebnisse erzielt.

TIPP: Man sollte das ABS keineswegs gewohnheitsmäßig bei jeder stärkeren Bremsung einsetzen; allenfalls übungshalber ist ein absichtliches Aufsuchen des Regelbereichs zu akzeptieren. Wird das ABS dagegen nur als „Sicherheitsnetz" benutzt, so wird es zu einer ausgezeichneten Lernhilfe: Es schützt dann nicht nur vor den Folgen von Fehlern, sondern ermahnt den Fahrer bei einer Überbremsung, dass soeben mit dem Einsetzen der Regelung der sichere Bereich verlassen worden wäre.

Absetzpunkt s. *Einlenkpunkt*⤢

Aerodynamik spielt beim Motorrad im Vergleich zum Automobil eine eher untergeordnete Rolle.

Der c_w-Wert ist viel schlechter, günstig ist nur die wesentlich kleinere Stirnfläche.

Bei dem besonders von Autobahn-Schnellfahrern häufig beklagten „leicht werden" des Vorderrads im Hochgeschwindigkeitsbereich, das zu einer Beeinträchtigung der Geradeausfahrstabilität führt, handelt es sich nicht nur um einen aerodynamischen Auftrieb, sondern die Entlastung des Vorderrads beruht vor allem auch auf dem verhältnismäßig hoch liegenden Angriffspunkt des Fahrtwinds.

Wichtig sind die aerodynamischen Eigenschaften des Helms. Neben einem möglichst geringen Luftwiderstand soll er im Hochgeschwindigkeitsbereich nicht „steigen" (d.h. Auftrieb erzeugen) und bei einer Kopfdrehung nicht zusätzliche Drehkräfte entwickeln; durch einen sauberen Strömungsabriss sollen außerdem unregelmäßige Flatterwewgungen möglichst gering gehalten werden.

TIPP: Man sollte bestrebt sein, nicht gegen die aerodynamischen Gegebenheiten anzukämpfen, sondern mit ihnen zu arbeiten und sie zur Unterstützung heranzuziehen. So kann im Hochschwindigkeitsbereich ein betontes Sichaufrichten erheblich zur Entlastung der Bremsen und bei einer Vollbremsung sogar zu einer zusätzlichen Verkürzung des Bremswegs beitragen. Bei Autobahnfahrten kann man, nachdem sich eine mittlere Reisegeschwindigkeit eingespielt hat, den Oberkörper durch entsprechende Vorlage in ein Gleichgewicht mit dem Fahrtwind bringen, indem man sich gewissermaßen auf das Luftpolster legt; dadurch wird die ungünstige sog. statische Haltearbeit verringert, besonders wenn anschließend mit dem Kopf in gleicher Weise verfahren wird. (Ausführlicher in "D.ob. Hälfte d.M.", S.203.)

Alpenpraxis (Schlüsselthema) s. Kasten

---

1) Die Pfeile (⤢) weisen auf ein weiteres Stichwort hin.

Schlüsselthema **Alpenpraxis:**

Tipps für Flachlandtiroler

Das Wort Flachlandtiroler bitte nicht persönlich nehmen, das ist nicht böse gemeint! Ich kenne Nordlichter, die ganz hervorragende Alpenstraßen-Spezialisten sind, aber auch Alpenbewohner, die mit ihrem Motorradl im-

mer noch die gleichen Fehler machen wie vor zehn Jahren, als wir uns kennen-
lernten.

Wenn Sie vorwiegend im Flachland unterwegs sind, dann sollten Sie sich möglichst
schon vor einer Tour in die Alpen ein wenig mit den besonderen Verhältnissen dort
beschäftigen und mit ein paar Grundregeln vertraut machen. Diese Regeln werden
dann auf der Tour viel rascher in Fleisch und Blut übergehen und ohne langes Nachdenken anwendbar.

Als Erstes muss man sich darüber im Klaren sein, dass sich die Verteilung der Radlast zwischen vorne und hinten nicht unbeträchtlich ändern kann, und zwar laufend
und fortgesetzt. Die gewohnte dynamische *Radlastverschiebung*↗ beim Bremsen und
Beschleunigen kann also beim Bergauf- oder Bergabfahren abgeschwächt werden –
das wäre wahrscheinlich nicht weiter der Rede wert –, sie kann sich aber auch um
einiges verstärken. Entsprechend kommt etwa beim Bremsen bergab das Hinterrad
spürbar leichter zum Blockieren, umgekehrt kann man bergauf die Hinterradbremse
schon ganz ordentlich einsetzen, erst recht mit dem üblichen Urlaubsgepäck oder gar
einem dicken Sozius über dem Hinterrad. Das Bremsen und die Bremsen sind überhaupt eines der wichtigsten Themen beim Fahren im Hochgebirge, was kein Wunder
ist, wenn man sich klar macht, dass die Schwierigkeiten vor allem bergab entstehen.
Am auffälligsten: Die Bremswege werden länger (weil da einer ist, der immer noch
weiterschiebt!), und die erhöhte Last auf den Handgelenken, allemal beim Bremsen,
ist auf langen Passabfahrten auch nicht zu unterschätzen. Da spüren dann Chopper-
fahrer, wie sich Tourenmotorräder anfühlen, und Tourenfahrer glauben plötzlich, sie
säßen auf einem Tourensportler oder Sportler, während die Piloten der echten
Supersportler fast schon das Gefühl haben, beim Bremsen bergab einen reinen Hand-
stand auf dem Stummellenker zu vollführen, jedenfalls ist von einer Belastung der
Sitzbank nicht mehr viel zu spüren! Aus dieser Lästigkeit lässt sich aber auch Nutzen ziehen: Die wechselnde Last auf den Handgelenken nicht einfach hinnehmen oder
sich darüber ärgern, sondern lernen, sie als zuverlässige Anzeige der augenblick-

> **Das dauernde sanfte Anlegen**
> **der Bremse beim Bergabfahren**
> **ist der reine Bremsenmord**

lichen Radlastverteilung heranzuziehen – gleichgültig, ob nur im Flachen beim Bremsen und Beschleunigen oder zusätzlich noch bergauf, bergab. Das lernt sich rasch,
man muss nur erst einmal anfangen, darauf zu achten.

Die gesamte Bremsanlage ist im Gebirge ohne Zweifel der am höchsten belastete Teil
des Motorrads, das ist unvermeidlich. Sie muss ungleich mehr leisten als im Flachland,
aber nicht nur das, es wird ihr auch viel weniger Zeit zum Abkühlen gelassen! Man tut
gut daran, bei längeren Bergabfahrten *kürzer* und dafür *stärker* zu bremsen als sanft und

länger. Es gibt da eine Faustregel, die spricht von fünf bis acht Sekunden. Länger nicht, obwohl man vielleicht anfangs dazu neigt, den ständigen Vortriebsüberschuss eher durch etwas längeren und dafür schwächeren Bremseinsatz auszugleichen. Aber das ist Bremsenschinderei und führt in der Konsequenz schließlich zu einem sachten Dauerbremsen: Der ständige Zusatzvortrieb durch das Gefälle wird, ohne dass es zu einer Beschleunigung käme, durch leichtes Anlegen der Bremse laufend weggebremst. Das ist immer wieder einmal bei vorsichtigen Alpenneulingen zu beobachten, und das ist dann keine bloße Bremsenschinderei mehr, sondern der glatte Bremsenmord, so sanft die Bremse dabei auch betätigt werden mag: Der Bremsbelag liegt nur an wenigen Stellen punktuell an, was zu einer ganz ungleichmäßigen Erhitzung der Bremsscheibe führt, nämlich zu heißen und kalten konzentrischen Ringen, und das ist viel schlimmer als eine durchgehend hohe, aber gleichmäßige Erhitzung.

Zur Entlastung der Bremsen trägt es auf jeden Fall bei, wenn man den Motor mit zum Bremsen heranzieht – nicht nur durch Gas zumachen, sondern durch Zurückschalten, und auch das nicht nur zaghaft um einen Gang, sondern um mehrere Gänge, bis sich eine angenehme Verzögerung ergibt. Auch danach durchaus schaltfreudig weiterfahren und je nach augenblicklichem Verzögerungsbedarf beweglich rauf- und runterschalten! Wenn man in einem niedereren Gang wieder etwas Gas brauchen würde, dann stattdessen lieber wieder hochschalten, und sei es auch nur für ein paar Sekunden. Ein modernes, genügend eng abgestuftes Fünf- oder Sechsganggetriebe ist etwas Wunderbares! Vor engen Kehren kann dann ein Zurückschalten bis in den Ersten nützlich sein. Oft geht man dann, wenn alles stimmt, schon am Einlenkpunkt – also noch vor dem Beschleunigen – wieder in den Zweiten, denn der ruckfreie Übergang vom Schieben in Beschleunigen im Ersten kann eine heikle Angelegenheit sein.

Allerdings: Das Zurückschalten sollte vorher solange geübt werden, bis es völlig mühelos und ohne bewusste Zuwendung abläuft – so das **Trainingsziel** bei der folgenden Übung. Denn nur dann setzt man es mühelos und in spielerischer Selbstverständlichkeit auch wirklich ein.

Das haben wir alle einmal gekonnt, mehr oder weniger flüssig. Aber einige haben das korrekte Zurückschalten allmählich einschlafen lassen – man kommt ja auch ohne Zurückschalten, jedenfalls im Flachland, einigermaßen zurecht, und je schlechter das Zurückschalten klappt, umso eher ist man versucht, sich darum herumzumogeln – und diese Fahrweise gewöhnt man sich dann an. So bleibt – notgedrungen – nur noch das Zurückschalten bergauf erhalten, was leicht ohne ein allzu großes Ruckeln gelingt. Bergab aber – o weh, bergab! – da sieht das Zurückschalten dann, wenn es zum Beispiel vor einer engen Kehre doch einmal riskiert wird, folgendermaßen aus: Auskuppeln; erst einen Augenblick danach Zwischengas, gewöhnlich mit zu flachem Drehzahlanstieg und nur ungenau dosiert; Einrücken des nächstniederen Ganges und sodann ein ganz vorsichtiges Einkuppeln, um auch bei einer unzureichenden Drehzahlanpassung einen Ruck zu vermeiden.

Das dauert zu lange, ist ungenau und verlangt trotzdem zu viel bewusste Zuwendung. Wird wegen des langsamen Ablaufs die Zeitspanne zwischen Auskuppeln und Einlenkpunkt knapp, dann fängt diese Art des Zurückschaltens sogar an, gefährlich zu werden. Denn die Einkuppelphase verschiebt sich dadurch in den Kurveneingang hinein, der Fahrer merkt, dass er schon Schräglage einzunehmen beginnt, aber noch immer nicht eingekuppelt hat, er beeilt sich mit dem Einkuppeln und produziert wegen der nur ungenau erhöhten Drehzahl (die wahrscheinlich inzwischen schon wieder viel zu weit abgefallen ist) einen Ruck, und zwar im gefährlichsten Augenblick: Die Haftung des Hinterrads wird bereits in erheblichem Maß von den *Seitenkräften*↗ beansprucht, und gleichzeitig kommen nun die *Umfangskräfte*↗ dazu, die sich als kurzer Ruck äußern, wenn beim Einkuppeln der Motor vom Hinterrad auf die richtige Drehzahl gebracht werden muss.

(Über das Zusammenspiel der Seiten- und Umfangskräfte gibt der Kammsche Kreis Auskunft, siehe dazu „Die obere Hälfte des Motorrads", S. 129ff. [3.7].)

In der folgenden Übung soll zunächst nur der reine Ablauf des Zurückschaltens automatisiert werden. Wenn dabei anfangs noch ein Ruck entsteht, so liegt das an der nicht richtig angepassten Drehzahl. Unter sonst völlig unveränderten Bedingungen wird bei dieser Übung einzig der Gasstoß verändert, bis ein ruckfreies Einkuppeln erreicht ist.

1

Übung 1 zum Zurückschalten im Schiebebetrieb

Auf ebener Strecke im 4. Gang mit ca. 75 – 80 km/h fahren. Dann Gas ganz zu. Sowie der Tacho durch die 70 km/h-Marke läuft, auskuppeln und nahezu gleichzeitig einen Gasstoß. Mit der Gasannahme (Emporschnellen der Drehzahl) 3. Gang einlegen und fast gleichzeitig sehr schnell einkuppeln.

Ablauf richtig, wenn auch noch zu langsam durchgeführt ☐

Ablauf klappt zunehmend rascher ☐

Ruck beim Einkuppeln wird durch besser angepassten Gasstoß allmählich schwächer ☐

und tritt auch seltener auf ☐

Ablauf einschließlich ruckfreiem Einkuppeln klappt fast immer ☐

Beachten:

• Die ersten paar Male wird der Vorgang noch etwas langsam ablaufen. Das richtige Tempo ist erreicht, wenn das Ganze – vom Beginn des Auskuppelns bis zum Beenden des Einkuppelns – in einer knappen halben Sekunde erledigt ist.

Damit sitzt aber erst das Grundschema. Jetzt müssen die Bedingungen variiert werden. Wir ändern fürs Erste nur die Fahrgeschwindigkeit, es bleibt zunächst beim Wechsel vom 4. in den 3. Gang.

2

Übung 2 zum Zurückschalten im Schiebebetrieb

Alles wie bei Übung 1, statt bei 70 km/h nun bei **50 km/h** zurückschalten.

Ablauf richtig, wenn auch noch zu langsam durchgeführt ☐

Ablauf klappt zunehmend rascher ☐

Ruck beim Einkuppeln wird durch besser angepassten Gasstoß allmählich schwächer ☐

und tritt auch seltener auf ☐

Ablauf einschließlich ruckfreiem Einkuppeln klappt fast immer ☐

3

Übung 3 zum Zurückschalten im Schiebebetrieb

Alles wie bei Übung 1, statt bei 70 km/h nun bei **100 km/h** zurückschalten.

Ablauf richtig, wenn auch noch zu langsam durchgeführt ☐

Ablauf klappt zunehmend rascher ☐

Ruck beim Einkuppeln wird durch besser angepassten Gasstoß allmählich schwächer ☐

und tritt auch seltener auf ☐

Ablauf einschließlich ruckfreiem Einkuppeln klappt fast immer ☐

Beachten:

- Die drei Übungen befassen sich zwar nur mit dem Zurückschalten im Schiebebetrieb, so wie es beim Bergabfahren gebraucht wird. Hat man aber die drei Übungen durchlaufen, dann wird das Zurückschalten bergauf, wie es eingesetzt wird, um den Motor in einem höheren Drehzahlbereich besser ziehen zu lassen, zum Kinderspiel.

- Sollten Sie – vor allem bei der dritten Übung, bei der aus höherem Tempo zurückgeschaltet wird – beim Schieben ein unregelmäßiges Patschen aus dem Auspuff hören, so ist das ein ziemlich sicheres Zeichen dafür, dass in die Auspuffanlage Nebenluft gelangt, zum Beispiel weil ein Auspuffkrümmer nicht mehr dicht genug auf dem Zylinderkopf sitzt. Das sollte man vor der Alpentour abstellen, denn es wird schlimmer, nicht besser, und das dauernde Gepatsche – im Moment vielleicht noch ganz lustig – ist bei längeren Passabfahrten nervtötend.

Wenn man das Zurückschalten auch in höheren Drehzahlbereichen beherrscht und vor allem in der richtigen Dosierung des Zwischengases sicher ist, kann man den Ablauf noch weiter verbessern: Fällt das (ein- oder mehrmalige) Zurückschalten in eine Bremsstrecke, wie das gerade bei Bergabfahrten ja häufig der Fall ist, kann die rechte Hand versuchen, den Drehgriff und den Bremshebel gleichzeitig, wenn auch deutlich voneinander getrennt zu betätigen. Es gibt ja keinen Grund, beim Anbremsen einer Kurve mit Zurückschalten das Bremsen während der Drehzahlanpassung zu unterbrechen. –

Den letzten Schliff erhält das Zurückschalten beim Durchlaufen der folgenden Übung, durch die der *Trainee*⚥ mit der Getriebeabstufung vertraut gemacht werden soll. Das geschieht, indem er versucht, mit der jeweils richtigen Drehzahlanpassung *bei stets gleichbleibender Geschwindigkeit* durch alle Gänge hindurch möglichst ruckfrei rauf- und runterzuschalten. **Trainingsziel** ist die weitere Verbesserung der richtigen Dosierung des Zwischengases.

4

Übung 4 zum Zurückschalten: Vertrautwerden mit der Getriebeabstufung und der richtigen Zwischengasbemessung

Bei einer unverändert beibehaltenen Ausgangsgeschwindigkeit von etwa 60 km/h, die im 3. Gang gefahren wird, raufschalten bis zum höchsten Gang, danach (mit jeweiligem Wiedereinkuppeln) Gang für Gang zurückschalten bis in den 1. Gang; sodann wieder raufschalten bis in den höchsten Gang – den Zyklus mehrmals wiederholen!

Es gelingt, sowohl beim Hinaufschalten als auch beim Herunterschalten, im anfänglichen Geschwindigkeitsbereich zu bleiben ☐

Auch beim Herunterschalten ist beim Einkuppeln kaum mehr ein Rucken zu spüren ☐

Hin und wieder einmal aktualisieren ☐

☐

☐

☐

☐

Beachten:

- Es ist durchaus zulässig, sich vor allem beim Zurückschalten nach jedem Schaltvorgang einen Augenblick Zeit zu lassen, um die Einhaltung der Ausgangsgeschwindigkeit zu kontrollieren.
- Die Übung wird erleichtert, wenn man sich von vornherein klar macht, dass beim Zurückschalten der Gasstoß desto stärker sein muss, je niederer der einzulegende Gang ist.

Bei konstant ca. 60 km/h:
3. … 6. … 1. … 6. … 1. … usw.

Damit man daran denkt, dieses Hinauf- und Herunterschalten bei gleichbleibender Geschwindigkeit auch später immer wieder einmal zu üben (wozu dann nicht mehr die gelbe Übungskarte erforderlich ist), befindet sich der nebenstehend abgebildete Aufkleber als *Memo Label* im Anhang; er ist nichts anderes als eine Kurzfassung der Übung 4. Auch wenn Sie sich auf einem bis dahin noch nicht gefahrenen Motorrad rasch einfahren wollen, empfiehlt es sich, diese einfache Übung ein paar Mal durchzuspielen. So bekommt man auch eine Getriebeabstufung, die von den bisher gewohnten stark abweicht, rasch „in den Bauch". –

So, diese vier Übungen müssten genügen, damit bei der nächsten Alpentour schöne, bremsenschonende Passabfahrten zustande kommen. Nicht nur bremsenschonende, sondern auch sicherere Talfahrten. Wenn im schlimmsten aller Fälle die Bremsanlage ausfällt, dann haben wir durch problemloses Zurückschalten – notfalls auch in einen sehr hohen Drehzahlbereich hinein – eine gute Chance, die böse Situation doch noch einigermaßen zu bewältigen.

Ein Trost vorab: Die Bremsanlage wird so gut wie nie total ausfallen; auch bei kapitalen Störungen vorne bleibt die Hinterradbremse noch erhalten – doch das ist, vor allem bergab, nicht viel, und deshalb ist dann kräftige Mithilfe des Motors vonnöten.

Aber auch die Vorderradbremse wird sich in den allermeisten Fällen nicht sofort ganz verabschieden, sondern zunächst nur nachlassen, allerdings nicht nur ein bisschen, sondern gleich so sehr, dass auch der abgebrühteste Routinier gehörig erschrickt. Es ist dann nämlich Folgendes passiert: Die trotz des Fahrtwinds immer heißer gewordenen und immer mehr Hitze abstrahlenden Bremsscheiben und Bremsklötze haben die Bremsflüssigkeit so sehr erhitzt, dass sich darin Dampfblasen gebildet haben. Diese sind im Gegensatz zur Bremsflüssigkeit komprimierbar, sodass sich nun die Dampfblase wie eine mehr oder weniger lange Feder – eine echte Gasdruckfeder! – zwischen Handbremspumpe und Radbremszylinder breit und breiter macht. Es hilft, wenn man mit dem Bremshebel kräftig pumpt. Man sollte aber nicht versuchen, sich bis ins Tal mit Pumpen zu retten – es kann nur schlimmer werden –, sondern es gibt nur eines: Anhalten und abkühlen lassen – anhalten, solange man noch anhalten kann. Und niemals – alles schon zu sehen gewesen – mit Wasser abkühlen!

Jetzt ist spätestens klar, warum das in der denkbar ungünstigsten Situation passieren musste, nämlich „ausgerechnet" bei einer langen Passabfahrt, bei der die Bremsen wie nie sonst eingesetzt werden müssen. Der Fehler ist aber schon viel früher, nicht erst beim Bremsen gemacht worden: Die Vorbereitung des Motorrads war ungenügend. Die Bremsflüssigkeit muss alle zwei Jahre erneuert werden, vor einer Alpentour mindestens noch einmal nachprüfen, wann sie zum letzten Mal gewechselt worden ist! (Siehe dazu die Checkliste am Ende des Schlüsselthemas *Alpenpraxis*!). Bremsflüssigkeit altert, denn sie ist *hygroskopisch*, was heißt, dass sie Wasser aufnimmt, das dann, wenn sie heiß wird, zu der gefährlichen Dampfblasenbildung führt.

Noch eine letzte Bemerkung zu den strapazierten Bremsen. Das sogenannte *Fading*, das spürbare Nachlassen der Bremsen, ist ein deutlicher Hinweis, dass man die Bremsen schleunigst abkühlen lassen sollte. Wenn Sie zum Abkühlen angehalten haben – oder eigentlich nach jeder Pause mit heißen Bremsen –, sollten Sie beim Weiterfahren ganz automatisch die Bremsen durch kurzes Betätigen kontrollieren. Das schafft ein sicheres Gefühl, und wenn der Druckpunkt gewandert ist,

Abbildung 3: Kein Platz für eine „Flucht ins Gelände"! Hier ist präzises Fahren mit viel Sicherheitsreserven gefordert!

dann weiß man wenigstens, dass man die Bremsen arg gequält hat, und wird jetzt vielleicht etwas gnädiger mit ihnen umgehen. –

Damit müsste jetzt wohl alles, was mit der Bremserei zusammenhängt, klappen. Ist auch wichtig, noch wichtiger als sonst. Denn auf Passstraßen ist die Bergseite so gut wie immer durch Felsen, einen Steilhang oder durch eine Stützmauer begrenzt, und die gegenüberliegende Seite lädt auch nur in den seltensten Fällen zu einer *Flucht ins Gelände* ⌀ ein! Aber auch der Fahrbahn ist nicht blind zu vertrauen. Selbst auf stark befahrenen und ständig kontrollierten Passstraßen ist mit Überraschungen zu rechnen: ein Bächlein mit Schmelzwasser quer über die Straße (das selbst im Sommer mal gefroren sein kann!), herabgestürztes Geröll oder Splitt oder auch einmal ein Felsbrocken mitten auf der Fahrbahn. Ein einziger überfahrener Stein in Faustgröße kann schon ausreichen, um durchzuschlagen und die Felge zu beschädigen. Deshalb nach einem solchen Schlag unbedingt auf schleichenden Luftverlust achten. Es kann sogar sein, dass der Luftverlust erst viel später einsetzt. Merke: Reifen haben ein Gedächtnis für schlechte Behandlung und sind nachtragend. –

Alles, was im Schlüsselthema Kurventechnik gesagt worden ist, gilt auf Alpenstraßen in verschärfter Weise: Eindeutigen Bewegungsentwurf und diesen präzise umsetzen (Seite 71f. u. 81); Fahrbahnbreite gut ausnutzen (Seite 83ff.); noch später als sonst einlenken (Seite 75ff.), erst recht bei Kehren; nie auf die Gegenfahrbahn kommen, jedenfalls nicht unbeabsichtigt. Und vor allem wieder: weit vorausschauen (Seite 31ff.) – nirgends ist das wichtiger als gerade da, wo man meistens gar nicht so weit vorausschauen kann.

Zum Thema *Fahrbahnbreite gut ausnutzen* ergibt sich noch eine kleine Ergänzung bei den Kehren. Bei ihnen braucht man nämlich den Scheitelpunkt nicht um jeden Preis ganz nach innen zu legen wie bei sonstigen Kurven, denn bei Kurven mit 170 oder 180 Grad (und mehr – das gibt es!), bringt das volle Ausnutzen der Fahrbahnbreite keine Vergrößerung des Kurvenradius mehr. Daran erinnern Sie sich bestimmt, wenn Sie das nächste Mal durch eine Rechtskehre fahren und an der Innenseite ein breiter Dreckstreifen liegt, der Sie Abstand zum Fahrbahnrand halten lässt.

Es gibt aber noch einen weiteren Grund, in engen Kehrtkurven nicht bis ganz an den inneren Fahrbahnrand heranzufahren, wozu man natürlich am ehesten bei Rechtskurven versucht ist: Gerade die reizvollen kleinen Nebenstrecken in den Alpen sind in den letzten Jahrzehnten zwar immer wieder ein bisschen ausgebaut und verbessert worden, was meistens auch heißt: mehr und mehr verbreitert worden; aber sie wurden eben nicht neu angelegt. Die einfache Verbreiterung solcher Straßen, die an den Außenseiten der Kehren oft kaum mehr möglich ist, bedeutet zwangsläufig, dass an der Kurveninnenseite unglaublich steile Stücke entstanden sind, oft nur für wenige

Meter, aber häufig hart an der Grenze der Fahrbarkeit. Wehe, wenn man an einer solchen Stelle wegen eines Entgegenkommers anhalten muss (Omnibus! Wohnwagen!) – egal, ob bergauf oder bergab! Hat man keine Geländepraxis – im Gelände gibt es so etwas ja öfter – und hat man sich diese Situation auch noch nie klargemacht, dann kommt es allzu leicht vor, dass man mit dem stützenden Bein keinen Boden mehr unter dem Fuß findet. Der augenblicklich folgende Umfaller ist viel heftiger und auch gefährlicher als ein Umfaller in der Ebene.

Überhaupt, diese Umfaller auf Gefällstrecken! Das Motorrad stürzt gewöhnlich zur Talseite, nicht bergwärts, was den Crash nur noch steigert, und ist dann kaum mehr aufzurichten! Man tut gut daran, sich vor einer Alpentour mit einer speziellen Übung vertraut zu machen: dem Kehrtmachen auf einem steilen Bergaufstück. Das kann gerade auf wenig befahrenen Nebenstrecken leicht einmal erforderlich werden, beispielsweise, weil die Straße abgesackt ist oder ein Baum querliegt. Passiert das wirklich auf einem Steilstück, dann geht bei Fahrern ohne Gebirgserfahrung gewöhnlich ein Gewürge sondergleichen los, das gar nicht so ungefährlich ist. (Ich habe in einem solchen Fall schon einmal ein Motorrad – zum Glück ohne den Fahrer – in die Tiefe stürzen sehen.) Es gibt da ein paar Regeln, die man aber nicht etwa büffeln muss. Es genügt, wenn man sich – am besten jetzt gleich einmal! – die geschilderten Abläufe mit einem Modellmotorrad auf einem schräggestellten Aktendeckel anhand der Regeln veranschaulicht.

Regel 1: Abstützen sowohl im Stand als auch beim Anfahren und beim Rückwärtsrollen stets mit dem *bergseitigen* Bein – das talseitige ist zu kurz! (Es genügen bei der schmalen Basis wenige Zentimeter, die fehlen, und das Motorrad ist nicht mehr zu halten!)

Regel 2: Welche Rangierbewegung auch immer geplant wird, den Weg möglichst so einrichten, dass der rechte Fuß für die Betätigung der Hinterradbremse verfügbar bleibt.

Regel 3: Vor allem beim Rückwärtsrollen bergab sollte man bei größeren Steigungen, allemal auf losem Untergrund, der Vorderradbremse nicht zu sehr vertrauen, da das entlastete Vorderrad beim Anbremsen sehr rasch ins Rutschen kommt und dann keine *Seitenführungskräfte* ↗ mehr bietet.

Regel 4: Steht der rechte Fuß trotzdem nicht zum Bremsen zur Verfügung (z.B. weil sein Einsatz als Stützfuß nicht zu umgehen war oder man beide Füße zum Stützen braucht), so muss man immer noch nicht auf die Vorderradbremse ausweichen, sondern kann – bei eingerücktem ersten Gang – auch mit der Kupplung das Hinterrad anbremsen. Das sollte man aber vorher mindestens ein paar Mal probiert haben (z.B. auf einer steilen Garagenschräge), da die linke Hand, die Kupplungshand, sich nicht aufs Bremsen versteht und die Betätigung dieser „Bremse" umgekehrt erfolgt, nämlich durch *Auslassen*, nicht durch Ziehen des Handhebels.

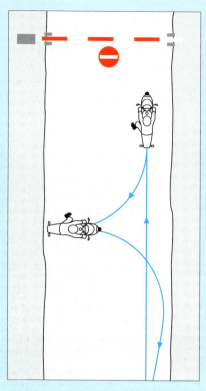

Abbildung 4: So sieht die richtige Spur beim Kehrtmachen auf einer *steil ansteigenden* Straße aus. Abstützen stets bergseitig! Sich nicht verleiten lassen, vorwärts zu wenden!

Aus diesen Regeln ergeben sich je nach der konkreten Situation am Steilstück für die Praxis etliche Ableitungen; die wichtigste ist das Grundschema zum Kehrtmachen. (Jetzt ist die oben genannte Veranschaulichung mit einem Modellmotorrad auf einem schräggestellten Aktendeckel besonders zu empfehlen!)

Die Abbildung 4 zeigt dazu das Wichtigste: Gegen die Fußbremse langsam rückwärts rollen lassen – am besten mit stehendem Motor –, bis das Motorrad quersteht. Stützbein ist und bleibt das bergseitige Bein! Motor starten und Rechtskurve talwärts, dabei lange genug bergseitig abstützen!

Solche Manöver auf einer Steilstrecke bergauf sind anfangs immer eine etwas aufregende Angelegenheit. Trotzdem sollte man sie üben, und zwar vor der Alpentour zu Hause und unter moderaten Bedingungen – das heißt, bei nur mäßigem Gefälle und ohne den Druck der Ernstfallsituation, der ja immer dann entsteht, wenn man in einer Falle steckt, bei der man den Ausweg noch nicht beherrscht. Die gleiche Situation bergab ist, wie man nach diesem „Aktendeckeltraining" jetzt sofort sieht, viel harmloser. –

Das Lob der Hinterradbremse ist aber noch in einem ganz anderen Zusammenhang zu singen: bei den 180-Grad-Kurven, den Kehren. Je enger diese sind, je geringer also die Geschwindigkeit, desto eher nehmen diese Haarnadelkurven einen etwas eckigen und mitunter sogar wackeligen Verlauf, vor allem, wenn der Lenkungsdämpfer noch ein wenig angezogen ist. Man sollte deshalb die Hinterradbremse durch die ganze Kehre hindurch leicht anlegen, und zwar nicht nur bergab, sondern auch bergauf! Die geringe Verzögerung wird mit etwas Gas ausgeglichen. Der Lenkeinschlag folgt ganz dem *Bewegungsentwurf*↗, bleibt also ziemlich unverändert, und Korrekturen in der Schräglage – und damit auch Veränderungen im Kurvenradius – erfolgen mit der Hinterradbremse. Erhöhen der Bremskraft bewirkt eine augenblickliche Vergrößerung der Schräglage, Bremskraft vermindern das Gegenteil. Noch professioneller wird die Geschichte, wenn nicht nur mit der leicht angelegten Hinterradbremse, sondern auch mit dem Gas gespielt wird. Das Ganze probieren Sie am besten vor der Tour einmal auf einem leeren Parkplatz. Nach anfänglichem Gewackle gelangt man nach kurzer Zeit zu wundervoll runden und flüssigen Kurven. Da mag ein Motorrad noch so bissig sein und sich schwer damit tun, bei vortrieblosem Dahinrollen sanft Gas anzunehmen, jetzt kann es dem Fahrer keinen Streich mehr spielen und die Linie durch einen Satz nach vorne verpatzen! *(Näheres in „Die obere Hälfte des Motorrads": Zu Stützen und Stützgas im Kasten S. 58 [1.8], und S. 199 [5.2]; zur Kleinheit der Lenkerbewegungen im Kasten S. 54f. [1.8])*

Und noch etwas zu den Kurven und Kehren: Wenn Sie es wirklich laufen lassen wollen, so vergewissern Sie sich vorher, ob die Reifen warm genug sind. Gut *handwarm*, so sagt man, sollten sie mindesten sein, vor allem Sportreifen sind da anspruchsvoll. Schon eine kleine Aussichtspause im kalten Wind der Passhöhe oder eine längere Trödelpassage können die Reifen so weit abkühlen, dass sie erst wieder warmgefahren werden müssen. –

Zum Schluss der Alptraum eines jeden motorisierten Bergfex – hier zur allgemeinen Warnung aufgeschrieben, denn es handelt sich um eine Situation, die gar nicht so selten ist und sich jedes Jahr wiederholt. Man sollte im Hochgebirge noch weniger als sonst darauf vertrauen, dass alles so wunderschön weitergeht, wie es angefangen hat: Ein herrlicher Sommertag mit strahlender Sonne und extremer Fernsicht, dazu eine hervorragend gute Straße mit einer einladenden weiten Kurve. Nach der Kurve dann aber, im Schatten, schlagartig eine festgefahrene Schneedecke, dazu noch bergab! Als Erstes: ab sofort gibt es keine Vorderradbremse mehr (so man kein ABS hat), Finger also weg vom Bremshebel und die rechte Hand unter strengster Aufsicht halten! Stattdessen sofort die Hinterradbremse einsetzen – kurze Blockierer schaden nichts, aber die Nerven haben, beim Blockieren die Bremse immer wieder kurz zu öffnen. Als nächstes blitzschnell entscheiden – noch ist viel Platz bis zur nächsten Kehre: Reicht die Hinterradbremse zur Verminderung der Geschwindigkeit aus? Wenn nein: wird das Gefälle vor der nächsten Kehre deutlich geringer oder hat die Kehre bergseitig einen Notausgang? Wenn wieder nein, dann heißt es augenblicklich handeln. Nicht das Motorrad unüberlegt hinschmeißen, sondern es „ablegen" aber sofort. „Ablegen" heißt, das Hinterrad entschlossen überbremsen und gleichzeitig eine leichte Richtungsänderung einleiten. Aber auf keinen Fall schreckgelähmt und immer schneller werdend in die nächste Kehre hineinrauschen!

Auf solche Situationen kann man sich *mental vorbereiten. (Näheres dazu in „Die obere Hälfte des Motorrads", S. 155ff. [4.5].)* Je besser die mentale Vorbereitung, desto eher sind sie im Ernstfall zu meistern, desto geringer die Überraschung oder gar der Schreck. Deshalb – bitte! – *diese Szene jetzt noch einmal lesen,* viel langsamer diesmal, und sich in kleinen Lesepausen möglichst anschaulich vorstellen, was im Einzelnen da geschieht. Je mehr sich dabei kleine Einzelereignisse und Einzelbilder mit einstellen, die im Text vielleicht gar nicht erwähnt worden sind, sich aber schlüssig aus ihm ergeben, desto besser und damit desto wirksamer ist die Imagination gelungen und umso besser die Vorbereitung.

Motorradfahren im Hochgebirge ist – hier einmal abgesehen von den großartigen Landschaftserlebnissen – von der Technik des Fahrens und seiner Dynamik her das Interessanteste und Schönste, was man sich vorstellen kann. Es lohnt sich, wenn man sich vorher fahrerisch und auch mental etwas vorbereitet, weil man dann auf der Tour viel rascher eine gewisse Perfektion erlangt. Erst wenn man diese erreicht hat, meistert man die neuen Aufgaben genügend locker und anstrengungslos und erst dann hat man die rechte, die wirklich ganz große Freude.

5

Checkliste für die Alpentour

1. Vorbereitung des Motorrads

Zusätzlich zur laufenden Wartung und Pflege vor der Abreise besonders prüfen:

Bremsbeläge noch ausreichend? (Ggf. in der Werkstatt prüfen lassen)

Bremsflüssigkeit: Wann war der letzte Wechsel? (Höchstalter zwei Jahre!) Ist der Flüssigkeitsstand in beiden Behältern (vorne und hinten!) zwischen MAX- und MIN-Markierung?

2. Vorbereitung des Fahrers

Mental:

- (z. B. wiederholt vor dem Einschlafen) Sich möglichst konkret und mit allen Körpergefühlen vorstellen: Radlastverschiebung beim Bremsen bergab (Hände! Handgelenke! Arme!).
- Gleichzeitig sich wie in einem Kurzfilm die verlängerten Bremswege veranschaulichen.
- Den Ablauf bei „überraschend geschlossene Schneedecke" (S. 25f.) sich bei langsamem Lesen möglichst anschaulich vorstellen.
- Den Ablauf beim *„Ablegen des Motorrads"* (S. 25) sich bei langsamem Lesen möglichst anschaulich vorstellen.

Praktisch üben:

- Zurückschalten (Übungen 1 – 4)
- Rückwärts bergab rollend bremsen: 1. mit Vorderradbremse (dabei mit der Hinterradbremse in Bereitschaft sein); 2. mit Hinterradbremse; 3. nur mit Kupplung (S. 23f.)
- Wenden auf einer Steilstrecke (S. 23f.); erst im Flachen simulieren, dann z. B. auf einer Garagenschräge.

6

3. Regeln für die Alpentour

Bremsen:

- Lieber kürzer und dafür stärker bremsen (S. 14f.). (Faustregel: Nicht länger als 5 – 8 Sekunden, bei längeren Bergabfahrten die Bremssekunden anfangs mitzählen!)
- Die Bremsen rechtzeitig abkühlen lassen (S. 21f.).
- Vor Weiterfahrt die Bremsen stets durch kurze Betätigung prüfen (S. 21).
- Zur Entlastung der Bremsen häufiges Zurückschalten, auch um mehrere Gänge (S. 16ff.).
- In der Wahl des jeweiligen Ganges flexibel bleiben, d.h. auch bergab schaltfreudig fahren (S. 16).

Kurven und Kehren:

- Eindeutigen Bewegungsentwurf vor jeder Kurve!
- Bewegungsentwurf präzise umsetzen! (S. 71f. u. 81)
- Fahrbahnbreite ausnutzen! (S. 74ff.)
- Noch später als sonst einlenken! (S. 79f.)
- Vor allem bergab am Kurveneingang noch langsamer fahren!

Ständig beachten:

- Weit vorausschauen! (S. 31ff.)
- Mindestens doppelt so viele Pausen als im Flachland machen!

gelesen am:

Vorschlag für den Lesepfad: Wenn Sie sich bis hier an den vorgeschlagenen Lesepfad gehalten haben, dann sind Sie jetzt durch! Sie können nun als Letztes noch einmal diejenigen Übungskarten herausgreifen, bei denen Sie das Gefühl haben, dass man sich bei Gelegenheit noch einmal darum kümmern sollte. Die legen Sie zuoberst.

Angstbremser. Eher scherzhaft gebrauchte Bezeichnung für einen Fahrer mit einem zu zaghaften Bremseinsatz, der im Gefahrenfall den Bremsdruck zu langsam erhöht und zu weit unter der Haftgrenze (s. *Blockade, blockieren*⌀) bleibt, um eine wirkliche Vollbremsung zu erzielen (s. Schlüsselthema Bremsen, S.44ff.).

Angststreifen. Spöttisch gebrauchte Bezeichnung für die bei der Kurvenfahrt nicht in Anspruch genommenen Randbereiche der Reifenlauffläche.

Sofern der betreffende Fahrer ausschließlich im öffentlichen Straßenverkehr unterwegs war, ist der Spott jedoch fehl am Platz, denn die Streifen zeugen von einer stets ausreichenden *Schräglagereserve*⌀ und werden deshalb gelegentlich auch *Vernunftstreifen* genannt.

Anpressdruck (fahrphysikalisch korrekter, aber weniger anschaulich: Radlast) ist die Last, mit der ein Rad auf der Fahrbahn aufliegt. Der entstehende *Grip*⌀ (s.a. *Haftreibung*⌀) hängt entscheidend vom Anpressdruck ab.

Beim Motorrad mit seinem kurzen Radstand und dem vergleichsweise hohen (Gesamt-)Schwerpunkt spielt dabei die Radlastverschiebung vor allem beim Bremsen eine herausragende Rolle.

Antischlupfregelung (ASR)[1]. Das System, das Bauelemente des *ABS*⌀ verwendet, verhindert das Durchdrehen des Hinterrads bei einem zu hohen Leistungseinsatz. Da das Durchdrehen den weitgehenden Verlust der *Seitenführungskräfte*⌀ bedeutet, stellt es vor allem im Kurvenausgang bei einem zu heftigen Beschleunigen in Schräglage eine ernste Gefahr dar.

Das System nimmt einen Drehzahlvergleich zwischen Vorder- und Hinterrad vor und erfasst so den augenblicklichen *Schlupf*⌀ am Hinterrad. Nimmt dieser überhand, so vermindert das elektronische Motormanagement das Antriebsmoment in ständiger Anpassung soweit, dass es vom Hinterradreifen noch übertragen werden kann.

Aquaplaning entsteht bei nasser Fahrbahn durch einen Wasserkeil, der sich vor und unter dem Rad aufbaut und zu einem Verlust des Fahrbahnkontakts führt, wodurch die Gefahr vor allem im Verlust der *Seitenführung*⌀ liegt. Motorrädern sind wegen ihres Reifenquerschnitts und der schmaleren *Aufstandsfläche*⌀ wesentlich weniger betroffen als Automobile; tritt allerdings Aquaplaning ein,

so ist ein Sturz nahezu unvermeidlich.

TIPP: Aquaplaninggefahr besteht so lange nicht, wie auf der regennassen Fahrbahn die Reifenspur eines vorausfahrenden Fahrzeugs noch als matter und etwas dunklerer Streifen sichtbar bleibt.

Auffahrunfall-Schleppe. Die beim Hinterherfahren unbedingt zu vermeidende Zone hinter einem Vorausfahrer, die dieser wie eine spitz auslaufende Schleppe hinter sich herzieht (s.Abb.26, S.64).

Dennoch neigen viele Fahrer dazu, genau mittig hinter anderen Fahrzeugen herzufahren, obwohl auf der Mittellinie des Vorausfahrenden bei dessen plötzlichem Bremsen die ungünstigsten Ausgangspositionen für den Hinterherfahrer liegen.

TIPP: Beim Hinterherfahren stets versuchen, sich die jeweilige Schleppe anschaulich vorzustellen, wodurch sich ihre Berücksichtigung allmählich automatisiert.

Aufrichten. Die sog. *Stationäre Kurvenfahrt*⌀ wird durch das Aufrichten beendet. Das Motorrad richtet sich auf durch eine Verkleinerung des Kurvenradius (*Lenkimpuls*⌀ nach innen) oder eine Erhöhung der Geschwindigkeit; in der alltäglichen Fahrpraxis wird meistens beides in gleichzeitigem Zusammenspiel angewendet.

Aufsetzen. Die sog. *Schräglagenfreiheit*⌀ wird durch das Aufsetzen von Fahrwerks- oder Motorteilen (Hauptständer, Fußrasten, Auspuffteile usw.) begrenzt. Mit modernen Motorrädern und den heutigen Reifen wird dabei die Haftgrenze (s. *Haftung*⌀) bei einem ausreichend griffigen Straßenbelag noch nicht erreicht, sodass z.B. das Aufsetzen des Hauptständers oder der einklappenden Fußrasten ein ungefährliches Warnsignal darstellt. Gefährlicher dagegen sind wegen der Gefahr des Aushebelns starre Teile, und zwar dies mehr, je weiter innen und je weiter vorne sie liegen.

Der Zylinderkopf eines Boxers beispielsweise ist zwar starr, aber sehr weit außen; bei einer Ölwanne dagegen, die bei großer Schräglage und gleichzeitigem Einfedern vorne aufsetzt, ist der Aufsetzpunkt starr, ziemlich weit innen und gefährlich weit vorne.

TIPP: Wenn man allmählich größere Schräglagen erreicht, sollte man sich auf einem Übungsgelände (s. Kreisbahn⌀*) mit dem Aufsetzgeräusch, wie es vor allem bei einem zusätzlichen Einfedern bei Fahrbahnunebenheiten entstehen*

---

[1] In Anlehnung an das ABS (**A**nti**b**lockier**s**ystem) hat sich die Bezeichnung **A**nti-**S**chlupf-**R**egelung ausgebreitet, obwohl es richtiger ist, von einer *Antriebs*schlupfregelung zu sprechen, da nicht der „Antischlupf", sondern der Schlupf geregelt wird.

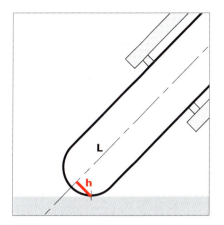

L

h

Abbildung 6: Aufstellmoment

kann, vertraut machen, um eventuelle Schreckreaktionen (s. Schreck⌐⌐) zu vermindern.

Aufstandsfläche (auch **Latsch**, veraltet Aufstandsellipse) ist die Bezeichnung für den Teil der Lauffläche des Reifens, der mit der Fahrbahn in Berührung steht. Über die Aufstandsfläche findet die gesamte Übertragung der Kräfte statt (*Längskräfte⌐⌐* beim Beschleunigen und Bremsen, *Seitenkräfte⌐⌐* bei der Kurvenfahrt). Die Aufstandsfläche kann auf einen Punkt, den **Aufstandspunkt**, reduziert werden; die Verbindungslinie zwischen den beiden Aufstandspunkten wird **Aufstandslinie** genannt, die beim Einspurfahrzeug bei Geradeausfahrt senkrecht unter dem Schwerpunkt hindurchläuft.

Aufstellmoment. Das Aufstellmoment wird spürbar als die Tendenz des Motorrads, sich beim Bremsen in Schräglage aufzurichten. Es kommt dadurch zustande, dass in Schräglage die *Aufstandsfläche⌐⌐* des Reifens in Richtung Kurveninnenseite wandert (Abb. 6) und damit außerhalb der Lenkachse (L) liegt. Wird das Rad angebremst, so wird über den so entstandenen Hebelarm h durch die Radbremskraft ein Drehmoment erzeugt (das sog. Bremslenkmoment), welches das Vorderrad um die Lenkachse nach innen dreht. Damit verkleinert sich der Kurvenradius und die dadurch erhöhte Fliehkraft richtet das Motorrad auf. Je nach Fahrwerks- und Reifenkonstruktion und abhängig von Schräglage und Verzögerung kann das Aufstellmoment beträchtlich sein, zumal noch ein Kreiseleffekt hinzukommt, der im gleichen Sinne wirkt. Es erschwert das Einhalten der beabsichtigten Fahrlinie und kann weniger geübte Fahrer erschrecken.

Das Gegenstück zum Aufstellmoment ist das (scherzhaft so genannte) *„Hinschmeißmoment"*. Gleicht der Fahrer das Aufstellmoment aus und öffnet er im weiteren Kurvenverlauf plötzlich die Vorderradbremse, sodass das Aufstellmoment wegfällt, so entsteht der umgekehrte Effekt, eine *Erhöhung* der Schräglage. Dieses „Hinschmeißmoment" ist für den weniger geübten Fahrer anfangs hochgradig überraschend, obwohl es von ihm selbst ausgeht.

TIPP: *Man sollte sich mit dem Aufstellmoment des eigenen Motorrads vertraut machen, am besten auf der Kreisbahn⌐⌐, damit man von seinem plötzlichen Auftreten (was meistens in einer ohnehin schwierigen Situation geschieht) nicht überrascht oder gar erschreckt wird.*

Ausfedern s. unter *Zugstufendämpfung⌐⌐*

Ausholen wird das Verlegen der Fahrlinie nach außen beim Anfahren einer Kurve genannt, womit ein größerer Kurvenradius ermöglicht wird, d.h. ein weiterer Bogen gefahren werden kann. Der entsprechende Vorgang im Kurvenausgang wird mit **ausschwingen lassen** bezeichnet (vgl. dagegen *hinterstechen⌐⌐*).

Automatisierung s. unter *Automatismus⌐⌐*

Automatismus ist die Bezeichnung für einen Handlungsablauf ohne oder mit nur geringer bewusster Zuwendung. „Automatisch" ablaufende Handlungen können angeboren sein, aber auch erworben werden. Solche zu erlernenden Handlungsabläufe, die anfangs nur langsam Schritt für Schritt und unter bewusster Kontrolle vollzogen werden können (z.B. das Stricken einer Masche; ein Lauf auf dem Klavier; das Schreiben eines Wortes auf einer Tastatur), sind mit wachsender Einübung immer weniger *bewusstseinspflichtig⌐⌐* und verlaufen somit zunehmend *automatisiert*. Die Steuerung dieser Automatismen übernehmen erworbene *Programme⌐⌐*. Solche Handlungsabläufe können durch Training auf verschieden hohe Niveaus der Automatisierung gebracht werden, sodass sie unterschiedlich bewusstseinsnah ablaufen. Bei manchen hochgradig automatisierten Abläufen bedarf es nicht einmal einer bewussten Startentscheidung, es reicht ein entsprechender Außenreiz. Andere brauchen außer der Startentscheidung auch bewusste Zwischenentscheidungen, z.B. damit in einem längeren Handlungsprogramm fortgefahren oder damit eine Alternative gewählt wird. Bei allen ist eine (willentliche oder ebenfalls automatisierte) Modifikation z.B. bezüglich des Tempos des Ablaufs oder zur Anpassung an solche Außenreize, die erst während des Ablaufs eintreffen, möglich und in vielen Fällen auch erforderlich.

29

B

Balance bezieht sich beim *Setup*⌀ auf das harmonische Verhältnis in der Fahrwerkabstimmung von Vorder- und Hinterrad, die in ihrem Ansprechverhalten nicht unabhängig voneinander gesehen werden dürfen.

TIPP: Ein erster Test besteht darin, dass man das aufrecht stehende Motorrad etwa in der Mitte zwischen Vorder- und Hinterrad mit beiden Händen übereinander so stark wie möglich für einen Augenblick senkrecht belastet; Ein- und Ausfedern sollen dann ungefähr gleich stark und mit etwa der gleichen Geschwindigkeit, also ohne nennenswerte Bewegungen um die Querachse, erfolgen.

Beladung (mit Fahrer, Tankrucksack, Seitenkoffern, Topcase und Sozius) bedeutet stets eine Verlagerung des Gesamtschwerpunkts nach oben und fast immer auch nach hinten. Entsprechend sinkt die Federbasis vor allem hinten (s. *Federvorspannung*⌀), d.h. der verfügbare Federweg nimmt ab und der *Negativfederweg*⌀ wächst an, was zu einer Veränderung in der Lenkgeometrie führt und von Einfluss auf die Fahreigenschaften ist.

TIPP: Es empfiehlt sich, bei großer Zuladung, vor allem durch einen Sozius, die Federvorspannung zu erhöhen, evtl. auch die Druckstufendämpfung⌀ *etwas zu steigern, u.U. auch die Zugstufendämpfung*⌀*. Ggf. Scheinwerfereinstellung lt. Handbuch überprüfen und korrigieren. Vor allem im Gebirge die durch die Verlagerung des Gesamtschwerpunkts wirksamer gewordene Hinterradbremse zur Entlastung der Vorderradbremse verstärkt einsetzen.*

Beschleunigungsspitze ist eine kurzzeitige (und daher im Diagramm „spitz" aufscheinende) Steigerung vornehmlich der Längskräfte, die vor allem dann zu einer Überschreitung der verfügbaren *Haftreibung*⌀ führen kann, wenn sie mit hohen Seitenkräften zusammentrifft.

Bewegungsentwurf. Jedem Bewegungskomplex geht ein Bewegungsentwurf voraus, der als Hand-

lungsvorschrift oder Handlungsvorlage verstanden werden kann. Bei sehr schwierigen Handlungen oder solchen, die noch nicht genügend beherrscht werden, kann es sich beim Bewegungsentwurf und seiner Umsetzung um einen weitgehend bewusst ablaufenden Prozess handeln. Die allermeisten Bewegungsentwürfe verlaufen jedoch nicht *bewusstseinspflichtig*⌀ und verbleiben auf *unthematischem*⌀ Niveau. Training befasst sich sowohl mit einer Verbesserung des Bewegungsentwurfs als auch mit der Verbesserung seiner Umsetzung. Das Gelingen einer Kurve beispielsweise hängt ebenso von einem richtigen und genügend genauen Bewegungsentwurf als auch von seiner fehlerfreien Umsetzung ab.

TIPP: Wenn beispielsweise eine Kurve fehlerhaft gerät oder man gar in Bedrängnis kommt, sollte man sich nach Möglichkeit kurz überlegen, ob man von einem fehlerhaften Bewegungsentwurf ausgegangen ist oder ob man einen Fehler bei dessen Umsetzung gemacht hat.

Bewusstseinspflichtig ist eine Handlung dann, wenn zu ihrer Durchführung die bewusste Zuwendung des Handelnden erforderlich ist. Mit der bewussten Zuwendung wird der Ablauf der Handlung *thematisch*, d.h. für den Handelnden „zum Thema" (s. unter *unthematisch*⌀), und bereits erworbene Automatismen treten zurück. Für das Erlernen oder Verbessern eines Handlungsablaufs ist in den meisten Fällen ein thematischer Ablauf, d.h. ein Ablauf unter ichbewusster Zuwendung, notwendig, mindestens förderlich (z.B. Erlernen des Schaltschemas beim Auto). Mit zunehmender *Automatisierung*⌀ ist die bewusstseinspflichtige Durchführung immer weniger erforderlich und kann sich schließlich sogar störend auswirken.

Blickführung (Schlüsselthema) s. Kasten.

Schlüsselthema *Blickführung:*

„Wo ich hinschau', da bin ich auch schon selber!"

Richtige Blickführung, das ist ein vielfältiges Thema. Für uns die wichtigste Aufgabe bei der Blickführung ist *das genügend weite Vorausschauen*. Das hört sich einfach an, ist aber deshalb so schwierig, weil der Mensch für viel geringere Geschwindigkeiten geschaffen ist, die kein so weites Vorausschauen erforderlich machen. Mit anderen Worten, für die hohen Geschwindigkeiten, wie wir sie mit dem Motorrad erreichen, sind wir gewissermaßen „konstruktiv" nicht vorgesehen. Aber eines ist vorgesehen: Wir sind zum Lernen befähigt und können so neue *Handlungsprogramme*⁊ erwerben, die über den „konstruktiv vorgesehenen" Bereich der *angeborenen* Programme hinausreichen. *(Über diese „konstruktiv vorgesehene" Geschwindigkeit des Menschen Näheres in „Die obere Hälfte des Motorrads", S. 23ff. [1.2]; über die angeborenen und erworbenen Programme im Einzelnen siehe dort den Kasten „Die handlungssteuernden Programme", S.36ff.; über die Überschreitung vorgegebener Grenzen: S.216, Anmerkung 2.)*

Als erschwerend für die richtige Blickführung kommt hinzu, dass sich der Mensch aus tiefverwurzelten entwicklungsgeschichtlichen Ursachen heraus im Falle akuter Gefahr auf den Nahbereich konzentriert, was freilich entsprechende Auswirkungen auf seine Blickführung hat. Eben das kann auch beim Motorradfahren geschehen: Je brenzliger einem Fahrer eine Situation erscheint, je mehr er sich Mühe gibt, je größer seine Anspannung und Anstrengung – überhaupt: je schwerer er sich tut –, desto weiter fällt sein Blick herunter und desto enger begrenzt wird damit sein Gesichtsfeld. Das wird bei Trainings – etwas boshaft – „Traktorfahrerblick" genannt. *(Siehe dazu „Die obere Hälfte des Motorrads", S. 270f. [Anm.83].)* Umgekehrt: Je souveräner einer fährt, je entspannter und müheloser, desto weiter reicht sein Blick voraus, von kurzen Unterbrechungen abgesehen, während derer er im Nahbereich die Fahrbahnoberfläche prüft.

Wie leicht man einen gut beherrschten Ablauf allein durch eine fehlerhafte Blickführung verpatzen kann, zeigt der Bierdeckelversuch: Einen auf die Fahrbahn gelegten Bierdeckel, den wir mittig überfahren wollen, treffen wir umso schlechter, je mehr wir ihn anstarren. Wenn wir aber weit über ihn hinwegblicken, so dass er nur noch in der unteren Peripherie des Gesichtsfeldes erscheint, ist das für einen auch nur einigermaßen trainierten Fahrer eine leichte Übung. *(Ausführlicheres über diesen Ver-*

such und seine Konsequenzen siehe „Die obere Hälfte des Motorrads", S. 90f. [2.4].)

Wir sollten also beispielsweise beim Anfahren einer Kurve nicht wie gebannt erst auf den *Einlenkpunkt* ⤴ starren, bis er unter dem Vorderrad verschwindet, und dann auf den *Scheitelpunkt* ⤴, bis wir auch an ihm vorbei sind, und schließlich auf den *Kurvenendpunkt* ⤴, bis wir auch diesen überfahren haben, und uns so von Punkt zu

---

**Das weite Vorausblicken
kann gar nicht genug
geübt werden!**

Punkt „weiterhangeln". Das wäre schlechte Blickführung. Der glatte Fluss des weiten Bogens, der das Ganze ordnend überspannt, geht sofort verloren – richtiger: er kommt erst gar nicht zustande –, stattdessen werden die Teilstücke einzeln absolviert und einfach aneinandergehängt mit der Folge, dass Ecken und Knicke entstehen und der fließende Verlauf dahin ist.

Noch ein subjektives Moment kommt hinzu: Jeder, dem es das erste Mal gelungen ist, eine einigermaßen schwierige Kurve oder Kurvenkombination nicht Stück für Stück, sondern dank weitem Vorausschauen als Ganzes in einem Guss zu durchfahren, wundert sich, wie viel ruhiger und scheinbar langsamer alles abläuft. Während vorher, kaum dass der eine Fixierpunkt vorbei war, man sich schon an den Folgenden klammerte, den man im nächsten Augenblick auch wieder preisgeben musste, um nach dem dritten Ausschau zu halten, und alles dicht aufeinander folgte, ist es jetzt ein fließendes Kontinuum, bei dem sich das Eine aus dem Anderen entwickelt. Und das nur deshalb, weil weit genug vorausgeblickt worden ist.

„Wo i hiischau, do bin i aa scho sellba!", so soll der österreichische Weltklasse-Abfahrtsläufer Hermann Maier, der unzerstörbare „Herminator", einem ratlosen Journalisten sein Geheimnis in einem einzigen Satz erklärt haben. Das ist viel mehr als ein Scherz – so ist es tatsächlich! Was hinter der Bemerkung steht, ist das Erlebnis, sich ganz und gar und ausschließlich auf den vorauseilenden Blickpunkt zu konzentrieren – nicht nur einmal kurz hinzublicken –, und dabei in diesem Blickpunkt voll aufzugehen; so sehr, dass sich alle Bewusstheit dort versammelt – das meint er mit „ich" („da bin *ich* ...") – und alles andere, der Körper und die Ski, kommen wie von selbst hinterher, werden nachgezogen, und alle Handlungsdetails bleiben den antrainierten Programmen, den nicht bewusstseinspflichtigen *Automatismen* ⤴ überlassen. *(Siehe dazu die Hilfsvorstellungen in „Die obere Hälfte des Motorrads", S. 172ff. [4.8], insbes. S. 175.)*

Das weite Vorausblicken kann gar nicht genug immer und immer wieder geübt werden! Nicht weil das weite Vorausschauen an sich schwierig wäre. Ganz im Gegenteil, jedem gelingt das sofort und jeder merkt, dass zum Beispiel im Sektionstraining eine bestimmte Streckenpassage mit ein paar ineinander übergehenden schwierigen Kurven plötzlich ungleich besser gelingt – das ist wie Zauberei! Das Problem beim weiten Vorausblicken ist vielmehr, diese Verhaltensweise auf Dauer beizubehalten und nicht sofort rückfällig zu werden, sobald man nicht mehr darauf achtet, und erst recht nicht rückfällig zu werden, wenn die Fahrerei schwieriger wird oder man sonst irgendwie in Bedrängnis gerät – da genügt schon einsetzender Regen!

Es geht hier also weniger um das Erlernen als um das Beibehalten einer bestimmten Verhaltensweise. Um dieses Trainingsziel zu erreichen oder ihm wenigstens näher zu kommen, braucht es nicht so sehr *Übungen*, die kurzfristig absolviert werden, sondern vor allem *Vorsätze* für eine längere Zeit (wie beispielsweise eben weit vorauszuschauen!), die, wenn sie wirksam werden sollen, *gestützt* werden müssen. (Siehe dazu das Schlüsselthema Vorsätze, Seite 142.)

Weit vorausschauen!

Es empfiehlt sich also, erst einmal das Haftetikett „Weit vorausschauen!" vorne auf den Tank, die Tanktasche oder die Gabelbrücke zu kleben und einige Zeit damit zu fahren. Dabei spielt sich dann Folgendes ab: Der bloße Vorsatz, der allein gelassen auf ziemlich verlorenem Posten stünde, weil er alsbald vergessen würde, hat dank der Stützung durch das Etikett die Chance, immer mal wieder vom Blick des Fahrers gestreift zu werden und sich so ab und zu in Erinnerung zu bringen. Hat der Fahrer den Vorsatz wirklich ernsthaft und intensiv genug gefasst – das ist die Voraussetzung –, dann wird er feststellen, dass es dieser Erinnerung durch das Etikett tatsächlich bedurfte, weil er den Vorsatz bereits wieder eine ganze Weile nicht mehr befolgt hat. Er wird ihn daraufhin einige Zeit ganz bewusst befolgen und obwohl er sich darüber freut, wie viel besser dadurch alles läuft, wird er schließlich doch wieder von anderen Dingen abgelenkt werden, und alles scheint wieder beim Alten. Allerdings nicht ganz. Denn der Vorgang wiederholt sich. Immer wieder ertappt sich der Fahrer nämlich, den Vorsatz außer Acht gelassen zu haben, und je öfter das geschieht, desto größer wird die Chance, dass sich allmählich ein immer beständigeres Verhalten einstellt, das automatisch befolgt wird. Das bedeutet, dass sich ein Programm etabliert hat und sich nun immer besser durchsetzt. Während dieser Zeit können unbesorgt irgendwelche anderen Übungen durchgeführt werden.

Abbildung 7: Der Fahrer blickt weit voraus, in die beginnende Kurve hinein, bis in den Auftauchbereich der Straße.

Abbildung 8: Frühzeitig wird so die direkt anschließende Rechtskurve erkannt.

Beispielsweise kann man sich mit der folgenden „Übung zum weiten Vorausschauen", Seite 36ff., deutlich machen, wo sich der eigene Blickpunkt beim Fahren jeweils befindet. Die Abbildungen 7 bis 13 zeigen, wo er sich etwa befinden *soll*: Von den kurzen Kontrollblicken wenige Meter voraus zur Prüfung der Fahrbahnoberfläche abgesehen, eilt der Blick weit voraus, oft bis zu der Stelle, wo die Straße verschwindet, was freilich nicht heißt, dass er bei sehr weiten Straßenverläufen stets am alleräußersten Ende des sichtbaren Straßenbandes liegen müsste.

Abbildung 11: Nachdem der Lkw vorbei ist, Kontrollblick in die Wegeinmündung.

Abbildung 12: Der Blickpunkt springt jedoch sofc wieder weitestmöglich voraus –

Abbildung 9: Kurzer Blick auf entgegenkommenden Lkw –

Abbildung 10: – der hier schon nicht mehr interessiert.

Abbildung 13: – mit nur kurzen Unterbrechungen zur Kontrolle der Fahrbahn im Nahbereich.

**Abbildung 7 – 13: Der weit vorauseilende Blick-
punkt, der sich mal da, mal dort für einen
Augenblick niederlässt (und nur dann – nicht im
Vorbeigleiten – ein Bild vermittelt).**

Man kann sich vom weiten Vorauseilen des Blickpunkts ein gewisses Bild machen, wenn man auf dem Visier eine Markierung anbringt, wie in Abbildung 14 gezeigt; bei der Anbringung ist darauf zu achten, dass die Markierung hoch genug sitzt. Der vorauushuschende Blickpunkt, von dem man selbst so wenig bemerkt, wird damit greifbarer und besser kontrollierbar, weil man ihn leicht immer wieder an diese Markierung heften kann.

Trainingsziel im Folgenden ist das vorübergehende Bewusstmachen des eigenen Blickpunkts zur besseren Kontrolle der richtigen Blickführung.

Abbildung 14: Übungshalber angebrachte Markierung zur Simulation eines weit vorauseilenden Blickpunkts.

Abbildung 15: Eine Bohrung in der Sonnenblende (oder in einem getönten Visier) führt für den Fahrer zu einem ähnlichen Bild wie in den Abbildungen 7 bis 13.

7

Übung zum weiten Vorausschauen

Auf dem Helmvisier wird – nur für ein Auge – ein kleines Fenster mit Fettstift markiert (evtl. auch Lippenstift oder farblose Lippenpomade), das bei gewohnter Kopfhaltung einem Blick entspricht, der *weit voraus* gerichtet ist (Abb. 14). Beim Fahren lässt sich sodann der richtige (d. h. genügend weit entfernte) Blickpunkt durch entsprechende kleine Kopfbewegungen steuern.

Auf einer Strecke von jeweils 10 bis 20 km Länge:

auf geschwungener, aber nicht sehr kurvenreicher Landstraße   ☐

auf kurvenreicher Landstraße   ☐

auf einer Gebirgsstraße mit Serpentinen, bergauf und bergab   ☐

Beachten:

• Das weite Vorausblicken gelingt einigermaßen dauerhaft am ehesten auf Streckenabschnitten mit wenigen, weiten Kurven. Je kurvenreicher die Strecke wird und je kürzer die geraden Abschnitte, umso häufiger wird freilich der Blickpunkt immer wieder zurückgeschoben, weil an vielen Stellen die Möglichkeit, weit vorauszublicken, gar nicht gegeben ist. Dem passt sich der Fahrer allzu leicht an, und wenn er sich nicht einen ganz starken Drang zum weit Vorausschauen antrainiert hat, so gewöhnt er sich rasch so etwas wie eine „mittlere Blickpunktweite" an.

Deshalb die Empfehlung, gerade am Anfang des Blicktrainings auf den kurvenreichen Streckenabschnitten fast etwas zu übertreiben und so oft und vor allem so weit vorauszublicken, wie es überhaupt nur möglich ist; dahin zu blicken, wo die Straße verschwindet; und dann *in die Kurve hineinzuschauen;* und auch *hinter die Kurve zu schauen.*

Auf einer Gebirgsstraße sieht das alles noch einmal anders aus! Die Übung im Gebirge ist so aufschlussreich, dass Sie sich diese, wenn Sie im Flachland wohnen, unbedingt für die nächste Motorradreise in die Berge vormerken sollten. Man muss sich im Gebirge mit dem Blick noch viel mehr auf die nächste Kurve konzentrieren und, wo nur möglich, sogar darüber hinausschauen; in den 180-Grad-Kehren geht die Blickrichtung, von einer entsprechenden Kopfdrehung unterstützt, mindestens 90 Grad querab, was überhaupt nur dann geht, wenn die richtige Kopfhaltung eingenommen wird. (Siehe dazu den Vorsatz „Kopf aus der Schräglage nehmen!" beim Schlüsselthema Kurventechnik, Seite 88. In aller Regel fällt nach ausgiebiger Durchführung dieser Übungen die Befolgung des Vorsatzes „Weit vorausschauen!" deutlich leichter, einfach deshalb, weil der sonst so selbstverständliche Blickpunkt für den Fahrer zeitweise zum besonderen Thema geworden ist.

Wenn man schließlich mit dem weiten Vorausschauen einigermaßen zufrieden ist – es gibt auch beim erfahrensten Routinier immer wieder einmal in einer kritischen Situation einen Rückfall, wichtig ist nur, dass man das sofort bemerkt und gleich wieder zum richtigen Blickverhalten zurückkehrt! –, wenn man also im Großen und Ganzen zufrieden ist, dann kann man dazu übergehen, noch weitere Vorsätze zum Thema Blickführung dazuzunehmen.

Beim Bremsen Blick oben lassen!

Als Erstes sollten wir uns mit dem Einfluss des Bremsens auf die Blickführung näher befassen.

Man wird es ja längst bemerkt haben, dass der Blick gerade beim Bremsen zum Herunterfallen neigt und dass er bei Vollbremsungen, wenn er einem entglitten ist, besonders tief, bis kurz vor das Vorderrad fällt. Natürlich hat der Blickpunkt bei einem scharfen Bremsen nichts in der Ferne zu suchen, aber er fällt eben leicht *viel zu weit* herunter. Dass bei einer Gefahrenbremsung der Blick auf das Hindernis geheftet ist, mag noch hinzunehmen sein, denn es ist immerhin ein Aufmerksamkeitsschwerpunkt ersten Ranges. (Besser wäre es allerdings, er ginge knapp daran vorbei, um die Lücke oder den *Fluchtweg*↗ zu erfassen, doch das bedarf besonderen Trainings.) Aber er ist eben auch auf alle möglichen anderen Punkte in der Nähe gerichtet, die gar nicht dauernd angeblickt werden sollten, auch wenn es Aufmerksamkeitspunkte sind. Besonders ausgeprägt

Blickrichtung und Fahrtrichtung trennen!

ist das beispielsweise bei Perfektionstrainings zu sehen: Ein Teilnehmer, der die Blickführung noch nicht genügend beherrscht, nähert sich in hohem Tempo einer engen Kurve; sein erster Aufmerksamkeitspunkt, an den sein Blick sich klammert, ist der Bremspunkt, der Beginn der Bremsstrecke, den er sich eingeprägt hat; sobald er zu bremsen beginnt, springt sein Blick zum Einlenkpunkt weiter, auf den er exakt zufährt. Jetzt ist das Entscheidende zu sehen: Obwohl er schon längst in die Kurve hineinblicken sollte (denn das gehört ja auch zu dem Vorsatz „Weit vorausschauen!"), blickt er strikt geradeaus bis zu dem Augenblick, da er die Bremse löst. Jetzt erst dreht er seinen Kopf zur Seite, um in die Kurve hineinzuschauen und leitet die Kurve ein. Das Drehen des Kopfes geschieht dabei oft in Eile mit einem gewissen Ruck, ein Zeichen dafür, dass sich für diese Handlung bereits ein gewisser Druck aufgebaut hat.

Wie kommt es zu diesem Verhalten? Es zeigt, dass die einzelnen Phasen noch beziehungslos hintereinander stehen und deshalb nicht fließend ineinander übergehen, sondern als isolierte Teilhandlungen einzeln nacheinander „abgearbeitet" werden – erst, wenn die eine Phase erledigt ist, kommt die nächste an die Reihe. *Je besser es gelingt, Blickrichtung und Fahrtrichtung voneinander zu entkoppeln, desto eher werden die einzelnen Phasen ineinander fließen.* Diese Entkoppelung ist auch eine absolute Voraussetzung, wenn ein Motorradfahrer auf dem Weg zu den „höheren Weihen" erlernen will, in die Kurven hineinzubremsen.

In die Kurve hineinschauen!

Hinter die Kurve schauen!

Wir sollten uns also beim Training der Blickführung auch noch mit diesen beiden Vorsätzen näher befassen, die uns aus der Übung mit der Visiermarke ja schon bekannt sind, und sie für eine Weile als Etiketten aufkleben. Die beiden Vorsätze sind im generellen Vorsatz „Weit vorausschauen!" zwar schon enthalten, aber es kann nur nützlich sein, die besonderen Schwierigkeiten der Blickführung bei der Annäherung an eine Kurve noch einmal gesondert anzugehen.

Immer, wenn uns diese Vorsätze dann während der Fahrt an der rechten Stelle einfallen, können wir davon ausgehen, dass sie im Augenblick gerade wieder aktiv geworden sind, was wir noch verstärken, wenn wir sie halblaut vor uns hinsprechen. Je häufiger das geschieht, desto größer die Chance, dass sie sich später im Bedarfsfall auch ungestützt, ohne *Memo Label*⌐⌐, spontan durchsetzen werden.

gelesen am:	

*Vorschlag für den Lesepfad: weiter mit Schlüsselthema **B**remsen*

Blickkontakt. Ein erheblicher Teil der menschlicher Kommunikation läuft nahezu unbemerkt über den wechselseitigen Blickkontakt ab, beispielsweise die wichtige Anfrage „Siehst du mich?" und die Antwort „Ja, ich habe dich gesehen", (die auch ohne vorangegangene Anfrage verstanden wird.) Der Mensch erkennt mit bemerkenswerter Sicherheit, ob er angeblickt wird. Insofern trägt der Blickkontakt als unterstützende Vergewisserung in bestimmten Verkehrssituationen (z.B. bei unklarer Vorfahrtsregelung usw.) erheblich zur Sicherheit bei.

TIPP: Man sollte stark getönte Visiere und Sonnenbrillen nicht ständig, sondern nur dann verwenden, wenn sie bei großer Helligkeit unvermeidlich sind.

Blickpunkt ist ein wichtiger Begriff bei der *Blickführung*⌐. Es ist der Punkt, auf den der Blick gerichtet ist und der damit auf der Netzhaut des Betrachters in den Bereich des schärfsten Sehens fällt. Wahrnehmungen in dem ihn umgebenden Bereich,

d.h. in der Peripherie des Gesichtsfelds, bleiben in der Regel *unthematisch*⌐, sind aber von großer Bedeutung, da die Wahrnehmungen in der Peripherie des Gesichtsfelds entscheidenden Einfluss auf die Blickbewegung und damit auf das, was *thematisch* wahrgenommen wird, haben. (Siehe auch Schlüsselthema *Blickführung*, S.31)

Blockade, blockieren, ist die Bezeichnung für einen Radstillstand während des Bremsens. Ein blockierendes Rad ist von der *Haftreibung*⌐ in die Gleitreibung übergegangen; dabei vermindert sich die Bremswirkung, und vor allem bringt das Rad nur noch minimale Seitenführungskräfte auf. Während ein blockierendes Hinterrad in Geradeausfahrt in der Regel beherrschbar ist (Abb. 20, S. 53), führt ein blockierendes Vorderrad, sofern die Bremse nicht *augenblicklich* gelöst wird, wegen der nur geringen Kreiselstabilisierung durch das Hinterrad zum sofortigen Sturz.

Bremsen (Schlüsselthema) s. Kasten

Schlüsselthema *Bremsen:*

Von Hundert auf Null

Es gab einmal einen berühmt-berüchtigten Amischlitten mit einem riesigen V8-Motor, aber notorisch schlechten Bremsen. Bei Benzingesprächen gaben die Besitzer gerne mit der Beschleunigung von 0 auf 100 an, die wirklich beeindruckend war. Kenner fragten allerdings gelegentlich etwas hämisch zurück: „Und wie lange braucht er von 100 auf 0?"

Das erinnert mich an manche Motorradfahrer, die stolz die Beschleunigungsangaben ihrer Maschine verkünden, die aber für das Gegenstück, für das Verzögern, deutlich länger brauchen. Dabei kann jedes Feld-, Wald- und Wiesenmotorrad, ob groß, ob klein, grundsätzlich die gleichen Verzögerungswerte wie ein Supersportmotorrad erreichen, so es nur über eine richtig dimensionierte Bremsanlage verfügt. Das ist gut so! Und diese Verzögerungsdauer liegt *unter* der Beschleunigungsdauer, bei allen Motorrädern – aber eben nicht bei allen Fahrern, und *das* ist gefährlich!

Wie es ums eigene Bremsen bestellt ist, kann jeder für sich selbst mit dem Test auf Seite 41 ausprobieren: Mit 100 km/h fahren (ebene Straße, guter Belag, kein Verkehr) und Vollbremsung bis zum Stillstand, dabei die Sekunden mitzählen (siehe Zählschema in der Übungskarte Seite 41f.). Das ist nichts Genaues, aber völlig ausreichend für die Beantwortung der Frage: *Wie gut kann ich meine Bremsanlage im Gefahrenfall ausnutzen?* Es ist der Basistest für die Beurteilung der eigenen Bremsfähigkeiten. Um einige grobe Anhaltspunkte für die Bewertung zu geben: Wer nur drei Sekunden von 100 auf 0 braucht, der hätte schon hervorragend gut gebremst! Der Wert liegt nah an dem, was maximal möglich ist. Vier Sekunden sind noch einigermaßen ordentlich. Spätestens bei fünf Sekunden sollten Sie darüber nachdenken, was sich zur Verbesserung der Bremserei tun ließe; beispielsweise könnte man als erste Maßnahme bei den alltäglichen Fahrten einfach dem Bremsen im Ganzen etwas mehr Beachtung schenken, denn da ist offenbar noch einiges herauszuholen. Und bei sechs Sekunden schließlich und mehr besteht akut hochgradiger Trainingsbedarf!

Schätzen Sie bitte die zwei oder drei Sekunden weniger oder mehr nicht gering ein! Sie können buchstäblich über Leben oder Tod entscheiden! Dazu ein Beispiel: Zwei Motorradfahrer auf einem schmalen Landsträßchen fahren mit 100 km/h; nehmen wir der Einfachheit halber an, sie fahren genau nebeneinander her. Plötzlich ist die Fahrbahn von einem schweren Trecker versperrt, der sich, von Gebüsch verdeckt, vom Acker auf die Fahrbahn geschoben hat. Der eine Fahrer kommt unter sofortigem vollen Bremseinsatz noch unmittelbar vor dem Trecker zum Stehen. Der andere, so nehmen wir an, reagiert etwas schlechter und beginnt eine Drittel Sekunde später mit dem Bremsen (oder er bremst um das Entsprechende schwächer). Wenn, wie wir angenommen haben, für den ersten Fahrer der verfügbare Weg gerade noch ausreicht, dann wird der zweite, obwohl ihm nur eine Drittel Sekunde beim Bremsen fehlt, mit rund 40 km/h, wie sich errechnen lässt, auf den Trecker prallen. Die Folgen bei einem derart schweren Hindernis sind katastrophal.

Die folgende Übung ist aber nicht nur ein Test für die eigenen Bremsfähigkeiten, sondern verfolgt auch ein **Trainingsziel**, indem sie sich – für den Fall eines noch unzureichenden Ergebnisses – zur risikolosen Verbesserung der Verzögerung einsetzen lässt.

8

Test zur Beurteilung der eigenen Bremsfähigkeiten

Auf möglichst verkehrsarmer, ebener Straße mit gutem Belag bei Trockenheit und unter Beachtung des Rückspiegels aus 100 km/h eine Vollbremsung bis zum Stillstand durchführen. Dabei die Verzögerungsdauer grob durch Mitzählen[1] ermitteln.

Erster vorsichtiger Bremsversuch _____ Sek.

Weitere Bremsversuche _____ Sek.

_____ Sek.

_____ Sek.

_____ Sek.

_____ Sek.

_____ Sek.

_____ Sek.

_____ Sek.

_____ Sek.

[1] Zähle im normalem Tempo eines deutlichen Sprechens als Maß für eine Sekunde „ein-und-zwan-zig-" usw. und vermeide jegliche Pause zwischen den einzelnen Sekunden.

Beachten:

- Wenn man keine besondere Übung mit der in der Fußnote genannten „Zähluhr" hat, kann man diese vorher etwas „eichen": Man zählt zehnmal „**ein**-und-zwan-zig-" usw. ohne eine Pause zwischen den Worten und stoppt die Zeit, geteilt durch zehn. Hat sich das richtige Zähltempo eingespielt, dann empfiehlt es sich, vor dem Start noch einmal mit deutlicher Akzentuierung halblaut vor sich hinzuzählen, da sonst die Gefahr besteht, dass man in der Anspannung des Bremsversuchs in ein zu hohes Zähltempo gerät.

- *Ruhig erst einmal vorsichtig beginnen!* Denn Vollbremsungen werden dem Fahrer nur selten abverlangt, sodass das Fertigkeitsniveau möglicherweise im Laufe der Zeit abgesunken ist.

- Vor dem Start noch einmal an die alten Regeln denken: Auskuppeln nicht vergessen; ganz aufs Vorderrad konzentrieren; Blickpunkt nicht herunterfallen lassen.

- Hat man eine zu große Verzögerungsdauer, so ist das ein verlässlicher Hinweis darauf, dass der Bremseinsatz unbesorgt von Mal zu Mal – wenn auch nur in kleinen Schritten – gesteigert werden kann.

- Übrigens: Mancher Fahrer eines Motorrads mit ABS, der sich sicher war, dass ihn diese ganzen Bremsprobleme nichts angehen, hat bei dieser Übung zu seiner Überraschung feststellen müssen, dass auch das Bremsen mit ABS trainiert werden muss. Warum, das steht im Abschnitt „Die vier Hauptfehler beim Bremsen" (Seite 44ff.).

Die enorme Leistung der Bremsen mag manchen überraschen: Die Verzögerung übertrifft ja selbst noch bei einem Supersport-Motorrad die Beschleunigung! Gewisse

---

**Wer seine Bremsen
nicht voll ausnutzen kann,
der verschenkt Sicherheit!**

Spaßvögel haben eben doch nicht ganz unrecht, wenn sie auf die Frage nach der Leistung ihres Motorrads mit Pokerface antworten: „So an die 250 PS – natürlich nur kurzfristig." Wenn dann Protestrufe ertönen, fügen sie hinzu: „Ach so, du wolltest die Leistung des Motors wissen, ich meinte die Leistung der Bremsen."

Mit so viel Leistung muss man umgehen können. Wer nur einen Teil dieser Leistung nutzt, verschenkt Sicherheit. Auch wenn scheinbar nur wenig verschenkt wird, können die Folgen verhängnisvoll sein, wie oben das Beispiel mit den beiden Motorradfahrern zeigte, denen der Trecker in die Quere kam.

Deshalb wird es in diesem Kapitel vorwiegend um die *Vollbremsung* gehen, also um Anhalten auf kürzester Strecke, bis zum Stillstand, so wie es im Notfall gebraucht wird. Höchstmögliche Verzögerung – bei allen Straßenverhältnissen –, das ist beim Motorradfahren das Schwierigste von allem. Was man da alles falsch machen kann!

Schauen wir uns einen jungen Motorradfahrer an: Er hat einen guten Fahrlehrer gehabt und die Fahrschule mit Erfolg hinter sich gebracht. Alles, was beim Bremsen wichtig ist, hat er gut drauf – zum Beispiel die Radlastverschiebung und dass deshalb beim Bremsen vorne die Musik spielt; dass man bei einer Vollbremsung das Auskuppeln nicht vergessen darf und man vor dem Wiederanfahren nicht vergessen soll, in den ersten Gang herunterzuschalten usw. Bei der Prüfung hat er anständige Bremsmanöver hingelegt, die vom Prüfer, ohne dass dieser ein Auge hätte zudrücken müssen, mit sehr gut bewertet worden sind. Aber obwohl er seither fleißig Kilometer machte und viel Erfahrung gesammelt hat, können wir ziemlich sicher sein, dass er im Fach Vollbremsung allmählich schlechter wird und erst nach Jahren – wenn überhaupt – wieder auf sein altes Niveau am Ende seiner Fahrschulzeit kommt. Er hat nämlich weder Gelegenheit noch Veranlassung, sich in Vollbremsungen zu üben. Uns allen macht nun einmal Gasgeben mehr Spaß als Bremsen, und wenn wir Lust

„Haste bei 200 schon mal eine Vollbremsung probiert?" – „Denkste ich bin verrückt?"

haben, etwas zu üben, dann Kurvenfahren und schöne Schräglagen ... Und ganz besonders zuwider ist es uns, Vollbremsungen aus hohen Geschwindigkeiten zu üben, so nötig es auch wäre.

Auch bei unserem *Motorradtraining alle Tage* kommt das Bremsen naturgemäß zu kurz, weil ein systematisches Üben nur auf einem abgesperrten Gelände möglich ist. Hier kann es nur darum gehen, durch das Besprechen der wichtigsten Punkte den Leser für das Erkennen seiner Fehler zu sensibilisieren und ihn so in seiner Selbstbeobachtung zu verbessern; dazu kommen zur Verstärkung noch einige einfache Übungen und Vorsätze, die für das richtige Bremsen förderlich sind. Wer aber ernsthaft Probleme mit dem Bremsen hat (siehe dazu auch den Selbsttest Seite 40f.!), dem sei dringend empfohlen, an einem Sicherheitstraining teilzunehmen und zwar bald.[1]

---

[1] Näheres über Sicherheitstrainings ist zu erfahren beim Institut für Zweiradsicherheit (www.ifz.de) beim Deutschen Verkehrssicherheitsrat (www.dvr.de) und beim ADAC (www.adac.de).

Die vier Hauptfehler beim Bremsen

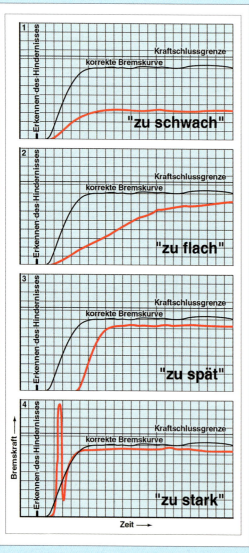

Abbildung 16 – 19: Die Diagramme der vier Hauptfehler beim Bremsen

Die Hauptfehler bei der Vollbremsung lassen sich mit vier einfachen Stichwörtern beschreiben: „zu schwach", „zu flach", „zu spät" und „zu stark".

Nehmen wir uns als Erstes mit der Abbildung 16 das *zu schwache* Bremsen vor. Das ist der *Angstbremser*. Er heißt nicht so, weil er *aus Angst* bremsen würde, sondern damit ist gemeint, dass er *vor dem Bremsen Angst hat*. Genau genommen braucht er sich nicht wirklich zu ängstigen, auch kein ängstlicher Typus zu sein, aber auf jeden Fall ist er „bremsscheu", er „hat Manschetten" vor einer Vollbremsung. Tatsächlich steckt ja der Motorradfahrer, so er kein ABS hat, in einer verteufelten Zwickmühle. Einerseits ist ihm klar, dass er bei einer Vollbremsung den allergrößten Teil der Verzögerung mit dem Vorderrad erzielen muss; andererseits weiß er, dass er eben dieses Vorderrad auf keinen Fall überbremsen darf – wenn es blockiert, ist ein Sturz nahezu unvermeidlich.

Entsprechend fürchtet er sich davor, die Haftgrenze, die da irgendwo in der Nähe lauert, unversehens zu überschreiten und ist deshalb bestrebt, sich von ihr möglichst fernzuhalten. So bleibt er über die ganze Bremsdauer hinweg im „sicheren" Bereich eines zu geringen Bremsdrucks, was zu einem gefährlich langen Bremsweg führt.

Die Ungewissheit darüber, wo da die Grenze für den Bremsdruck liegt, ist das eigentliche Problem! Solange da noch ein Fahrlehrer war, der ihm bei den Bremsübungen zugeredet hat, dass er ruhig noch ein wenig kräftiger zulangen dürfe, war auch die Gewissheit über eine Reserve da. Wenn diese Gewissheit aber fehlt, dann kann es leicht dazu kommen, dass im Laufe der Zeit immer weniger von der verfügbaren Reifenhaftung genutzt wird. Um den richtigen Druck – der freilich von der Griffigkeit der Fahrbahn abhängt – wieder in die Finger der rechten Hand zu bekommen und um die damit erzielbare Verzögerung in den Handgelenken zu spüren und kontrollieren zu können, werden wir gleich eine wichtige Übung kennenlernen, die zum ständigen Begleiter werden sollte.

Ganz ähnlich sieht es mit dem *zu flachen* Bremsen aus, wie in Abbildung 17 gezeigt. Weil auch da ein Angstbremser dahintersteckt, verwundert es nicht,

**Der kurze Bremsweg
wird am Anfang
des Bremsens gemacht**

dass beide Fehler – das zu schwache und das zu „flache" Bremsen – häufig gemeinsam auftreten. Ein solcher Fahrer steigert nur zögerlich seine Bremskraft und ist sich meistens auch gar nicht im Klaren darüber, dass ein kurzer Bremsweg am Anfang des Bremsens, wo noch hohe Geschwindigkeit herrscht, gemacht wird, dort also, wo man am raschesten viel Bremsweg verschenken kann. Deshalb ist bei einer Vollbremsung das allmähliche „Sich-Herantasten" an die Haftgrenze eine gefährliche Angewohnheit. Der Bremsdruck muss so schnell wie möglich aufgebaut werden. Nur durch Üben bekommt man in die Finger, wie fest man sofort zupacken kann. Erst die Feinheiten werden dann durch Kontrollieren des Vorderrads vorsichtig nachgeregelt.

In der gleichen Weise trägt natürlich auch der *verspätete* Bremseinsatz wie in Abbildung 18 zur Bremswegverlängerung bei. Das ist nicht etwa einfach eine verlängerte Reaktionszeit, sondern da wird, immer wieder zu beobachten, selbst in einer äußerst engen Situation zwar sofort das Gas weggenommen, aber dann noch einen Augenblick wie erstarrt zugewartet – so, als ob sich noch etwas von selbst zum Besseren wenden könnte. Das ist nichts anderes als die Überwindung der Bremshemmung, die ihre Zeit braucht und viele Meter Bremsweg kostet. Gas wegnehmen und bremsen müssen bei der Vollbremsung *gleichzeitig*, nicht nacheinander erfolgen. Das macht man zwar meistens so, aber es soll durch die folgenden Übungen noch fester miteinander verknüpft werden.

B

Der entgegengesetzte Fehler zum *zu schwachen*, *zu flachen* und *zu späten* Bremsen besteht darin, dass *zu stark* gebremst wird (s.a. *Überbremsen, dynamisches*⤢), wobei das aber nur am Anfang und nur für einen Augenblick geschieht, so dass sich dieser Fehler durchaus mit „zu schwach" oder „zu flach" verbinden kann. Abbildung 19 zeigt die entsprechende Bremskurve. Das ist der Druckverlauf beim sogenannten *Schreckbremser*. Er schießt mit einem sehr steilen Druckanstieg für einen Augenblick über die Haftgrenze hinaus (im Gegensatz zur *Panikbremsung*⤢, bei der dieser hohe Bremsdruck dann voller Entsetzen beibehalten wird). Aber Achtung, jeder kann unter ungünstigen Bedingungen einmal zum Schreckbremser werden! (Siehe dazu das Schlüsselthema *Schreck*, Seite 135) Solange der Fahrer sofort wieder genügend aufmacht und die Fahrt geradeaus führt, kann nicht viel schiefgehen. Doch tritt der Schreck nicht selten in einer nicht vollständig einsehbaren Kurve ein, und zwar im selben Augenblick, da der Fahrer in den neuen Streckenabschnitt hineinschauen kann und dort dann eine Situation erblickt, die er als bedrohlich erlebt. Das kann vielleicht nur ein harmlos entgegenkommendes Auto sein, mit dem er nicht gerechnet hat. Das eigentlich Gefährliche besteht darin, dass er sich noch in Schräglage befindet.

Wer sich öfter einmal bei Schreckbremsungen ertappt, vor allem auch bei solchen, bei denen überhaupt kein Bremsen nötig gewesen wäre, der sollte sich in *mentalem Training* – am besten ruhig liegend und ganz entspannt – immer und immer wieder mit den schreckauslösenden Situationen (Seite 138f.) und ihrem stets sehr plötzlichen Eintreten konfrontieren – der Fantasie sind keine Grenzen gesetzt. *(Näheres über das mentale Training in „Die obere Hälfte des Motorrads", S. 155ff. [4.5u.6])*

Übungen

Schon der Test zur Beurteilung der eigenen Bremsfähigkeiten auf Seite 40ff., der ja zugleich auch als Übung diente, ist streng genommen keine Übung *along the way* mehr, keine Übung, die man während einer alltäglichen Fahrt „so nebenher" machen kann wie fast alle anderen Übungen in diesem Buch. Bei den klassischen Bremsübungen, wie wir sie aus der Fahrschule und vielleicht von Sicherheitstrainings kennen, wäre das noch viel ausgeprägter der Fall: Sie brauchen eine feste Linie quer auf der Fahrbahn, um den Bremsbeginn oder den Soll-Stillstand zu markieren, was dauerndes Hin- und Herfahren bedeutet, und das wiederum erfordert fast zwingend eine abgesperrte Strecke und – bei mehreren Teilnehmern – möglichst auch einen Instruktor oder mindestens einen erfahreneren Teilnehmer, der sich mit dem Dirigieren des Übungsbetriebs befasst. Deshalb war ja eingangs schon darauf hingewiesen worden, dass sich gerade ein Bremstraining am wenigsten dazu eignet, „so nebenher" auf Touren und Ausflügen durchgeführt zu werden. Außer dem Selbsttest sollen hier aber wenigstens einige unterstützende Nebenübungen zum Bremsen genannt werden, die allerdings nicht nur Hilfsübungen sind – gewissermaßen aus der Verlegenheit mangelnder Übungsmöglichkeiten heraus –, sondern die man in sein ständiges Repertoire einverleiben sollte, um fit im Bremsen zu bleiben.

Es sind zwei, drei kurze Bremsübungen, die man buchstäblich allmorgendlich gleich am Beginn der Fahrt durchführen sollte, so es die Verkehrsverhältnisse am Startort auch nur einigermaßen zulassen. (Wenn nicht, so lohnt sich ein kleiner Umweg über eine ruhigere Nebenstraße, der dann ebenso wie die Übungen zur ständigen Gewohnheit werden sollte.) Der zusätzliche Zeitaufwand für die Übungen ist minimal und fällt überhaupt nicht ins Gewicht.

Zu Beginn kommt, gleich nach dem ersten Beschleunigen, das kurze, aber heftige mehrmalige Anbremsen des Vorderrads, was bei den meisten Motorrädern mit herkömmlicher Vorderradgabel zu einem tiefen Eintauchen führt. **Trainingsziel** dabei ist das tägliche Sich-Einbremsen und das Vertrautwerden mit der Charakteristik der Vorderradbremse und zugleich das immer wieder nützliche Proben des steilen Druckanstiegs bis auf ein akzeptables Niveau. Erwünschter Nebeneffekt dabei ist die tägliche Funktionsprüfung der Bremsen.

9

Übung 1 zum täglichen „Sich-Einbremsen": Eintauchen

Gleich nach dem ersten Beschleunigen im 1. oder 2. Gang Gas wegnehmen und gleichzeitig Betätigung der Vorderradbremse bis zum deutlichen Eintauchen. Am tiefsten Punkt (bzw. bei nicht spürbar eintauchenden Motorrädern mit Erreichen der vollen Belastung auf den Handgelenken), sofort wieder öffnen. Ohne erneutes Beschleunigen mehrmals wiederholen bis nahezu zum Stillstand; falls erstes Eintauchen zu schwach, bei der Wiederholung Bremsdruck erhöhen; versuchen, den Eigenrhythmus des Motorrads aufzunehmen, indem nach dem Ausfedern sofort erneut gebremst wird.

Ausgangsgeschwindigkeit 30 km/h
Zahl der Bremsstöße _____ x

Ausgangsgeschwindigkeit 40 km/h
Zahl der Bremsstöße _____ x

Ausgangsgeschwindigkeit 50 km/h
Zahl der Bremsstöße _____ x

Auskuppeln wurde nicht vergessen ☐

Zurückschalten vor dem Wiederanfahren
wurde nicht vergessen ☐

B

> Alle Bremsstöße sind inzwischen gleich-
> mäßig stark ☐

Beachten:
- Wichtig ist, neben dem Eintauchen auch auf die Last auf den Handgelenken zu achten. Man gewinnt so allmählich ein Maß, welche Verzögerung möglich ist, auch wenn die Verzögerung nur für einen Augenblick eingehalten wird.
- Wenn man nicht über ABS verfügt, sollte man sich schon vorher darauf einstellen, bei blockierendem Vorderrad blitzschnell die Bremse zu öffnen. Aber auch mit ABS sollte man bei dieser Übung vermeiden, in den Regelbereich zu kommen. –

Das Nächste ist dann eine Art Zielbremsung. Wiederum mit einer Ausgangsgeschwindigkeit zwischen 30 und 50 km/h sucht man sich eine Markierung auf der Fahrbahn oder am Straßenrand (einen Fleck, ein Kanalgitter, eine Laterne), und gibt sich im gleichen Augenblick den Befehl: „Bis an diesem Punkt will ich stehen!" Für den Anfang kann man im gleichen Augenblick, da man einen geeigneten Punkt gefunden hat, den Befehl auch schon ausführen, wobei der fragliche Punkt sicherlich manchmal etwas zu knapp, dann wieder etwas zu weit gewählt sein wird; nach kurzer Einübung kann man einen etwas weiter entfernten Punkt auswählen und mit dem Bremsvorgang erst so spät wie möglich beginnen, um gerade noch zum Stehen zu kommen. Das fördert natürlich die Fähigkeit, Bremswege richtig einzuschätzen, doch das eigentliche **Trainingsziel** ist wiederum das Sich-Einbremsen und Vertrautwerden mit der Bremscharakteristik bei steilem Druckanstieg.

10

> **Übung 2 zum täglichen „Sich-Einbremsen": Spontane Zielbremsungen**
>
> Bei ca. 30 bis 50 km/h auf verkehrsarmer Straße unter Beachtung des Rückspiegels in geeigneter Entfernung eine Markierung auswählen, bis zu der man dann bei sofortigem vollen Bremseinsatz zum Stehen kommen soll. ☐
>
> ☐
>
> ☐

Danach erneut eine Markierung auswählen, die etwas weiter entfernt ist, darauf zufahren und so spät wie möglich vollen Bremseinsatz. ☐

☐

☐

Auskuppeln wurde nicht vergessen ☐

Zurückschalten vor dem Wiederanfahren wurde nicht vergessen ☐

Beachten:
- Es ist bei dieser Übung gar nicht so entscheidend, ob das Motorrad bis zur gedachten Linie tatsächlich steht oder die vorgesehene Bremsstrecke doch nicht ganz ausreicht. Viel wichtiger ist es, dass die Bremsstrecke knapp genug bemessen ist und so den vollen Bremseinsatz erfordert. Deshalb sollte man auch dann, wenn man merkt, dass man zu früh zum Stehen kommt, voll weiterbremsen.
- Gas wegnehmen und Bremseinsatz müssen bei einer Vollbremsung *gleichzeitig* erfolgen und sollen sich fest miteinander verbinden. Immerhin ist eine Vollbremsung die Simulation einer Notbremsung und bei dieser muss ein verzögerter Bremseinsatz (wie vorne beim Bremsfehler „zu spät" beschrieben) unbedingt vermieden werden.
- Auskuppeln nicht vergessen und ebenso nicht das Zurückschalten in den ersten Gang vor dem Wiederanfahren.
- Auffallend verbreitet ist die Neigung, bei Bremsversuchen noch vor dem Anhalten die Bremse zu lösen und weiterzufahren. Eine Vollbremsung ist erst beendet, wenn mindestens ein Fuß auf dem Boden steht, das heißt, wenn das Motorrad zum Stillstand gekommen ist. Diese letzte Phase des Bremsvorgangs, der Übergang auf der Bremsscheibe von der gleitenden in die haftende Reibung, ist interessant und sollte stets mitgeübt werden. –

Als dritte und letzte Übung gleich nach dem Start folgt nun noch das scharfe und ganz kurze Anreißen der Vorderradbremse. Diese dritte Übung muss nicht mit in das tägliche Programm, doch sollte man sie sich unbedingt hin und wieder einmal vornehmen. Das Anreißen soll so heftig geschehen, dass es zu einem *sofortigen Stillstand* des Vorderrads kommt; der Bremsstoß soll aber auch so kurz sein, dass das Vorderrad *fast im gleichen Augenblick wieder anläuft*. In der Tat soll es maximal nur für eine knappe Zehntel Sekunde stehen bleiben (das gibt dann bei 40 km/h einen schwarzen Strich auf der Straße von etwa einem Meter). Ein derart kurzes *Blo-*

ckieren↗ erreicht man nicht, indem man sich gewissermaßen die Befehle nacheinander gibt, also nicht etwa: „Bremsen – abwarten bis das Vorderrad blockiert – Bremse sofort wieder öffnen!"; sondern die Bremse muss von vornherein mit dem Ziel betätigt werden, nur einen ganz kurzen, aber dafür heftigen Bremsstoß zu geben. Man muss also fast im gleichen Augenblick den Handbremshebel auch schon wieder loslassen! Eine gute *Hilfsvorstellung* dabei ist der „heiße Handbremshebel". Man stellt sich vor, dass er heiß wie eine Herdplatte sei, so dass man nur einen ganz kurzen Impuls setzen kann. *(Was man mit solchen Hilfsvorstellungen im Training alles erreichen kann, finden Sie in „Die obere Hälfte des Motorrads", S. 172ff. [4.8].)*

War der Bremsimpuls zu schwach, wie das bei den ersten Versuchen meistens der Fall ist, ist also keine Blockade eingetreten, dann merkt man das erst unmittelbar danach, also erst nach dem Öffnen. „Nachbessern" des Bremsdrucks wäre gefährlich, denn damit wäre niemals ein derartig kurzer Blockadedruck zu erzielen. Deshalb wird der Vorgang noch einmal als Ganzes wiederholt und zwar so oft, bis man das kreischende Blockiergeräusch des Reifens hört. Das gibt dann auf der Straße den erwähnten kurzen schwarzen Strich. Ist er deutlich länger als $\frac{km/h \times 3}{100}$ Meter, war der Impuls nicht kurz genug.

Trainingsziel ist wieder das Sich-Einbremsen, der ganz steile Bremsdruckanstieg und das Vertrautwerden mit einem blockierenden Vorderrad, so dass wir nicht mehr erschrecken, wenn es bei einer heftigen Bremsung einmal stehen bleibt, sondern im selben Augenblick die Bremse wieder lösen.

11

Übung 3: Scharfes Anreißen der Vorderradbremse

Bei strikter Geradeausfahrt die Vorderradbremse ruckartig so heftig anziehen, dass es zu einem kurzzeitigen Radstillstand kommt. Anreißen und loslassen des Handbremshebels müssen eins sein!

Mit 40 bis 50 km/h anfahren, Gas zu, auskuppeln und 3 x mit einem Abstand von einer halben bis einer Sekunde Vorderradbremse anreißen ☐

wieder auf 50 km/h beschleunigen und den Ablauf wiederholen ☐

☐

☐

Blockade hat 3 x hintereinander geklappt ☐

gegen Ende waren die drei Blockaden in
einem Ablauf ungefähr gleich stark ☐

Immer wieder einmal bei Gelegenheit
wiederholen:

☐ ☐ ☐ ☐ ☐ ☐ ☐ ☐

Beachten:

* Die Geschwindigkeit bei den mehrfachen Bremsstößen nacheinander sollte nicht
unter 30 km/h abfallen.
* Zu Beginn der Übung kann man selbstverständlich fürs Erste nur ein Mal anreißen. Man sollte aber schon bald auf drei Mal übergehen. Wahrscheinlich ist nämlich bei den ersten Versuchen der Bremsdruck noch zu gering und bei mehrmali-
gem Anreißen kurz hintereinander lässt sich die Bremskraft viel leichter kontrolliert steigern, als wenn man die Bremsmanöver einzeln nacheinander durchführt.
* Es handelt sich bei dieser Übung um ein – absichtlich provoziertes – *dynamisches
Überbremsen*↗, das dadurch zustande kommt, dass die Bremse schon voll zufasst,
während die *Radlastverschiebung*↗, die die Haftung des Vorderradreifens beträchtlich erhöht, noch nicht vollständig eingetreten ist. Das heißt: Je steiler der Druckanstieg (oder mit anderen Worten: je schneller der Handbremshebel bewegt wird),
desto leichter ist das Blockieren herbeizuführen. Umgekehrt: Ist die Radlastverschiebung durch Verzögern bereits eingetreten, so bedarf es eines deutlich höheren Bremsdrucks, um das Rad zum Blockieren zu bringen. Setzt das Motorrad zu einem *Stoppie* an – das ist das Gegenstück zu einem *Wheelie* –, dann ist das hoch-
kommende Hinterrad ein Zeichen dafür, dass der Bremsdruck zwar hoch, der Bremsdruckanstieg aber noch zu flach war.
* Es kommt also nicht nur auf einen hohen, sondern vor allem auch auf einen schnell
ansteigenden Bremsdruck an, was man sich vor Augen führen soll, wenn man mit
der Herbeiführung des Blockierens Schwierigkeiten hat.
* Entsprechend fördert ein weniger griffiger Belag das Gelingen dieser Übung. Insofern kann es, wenn Schwierigkeiten bestehen, anfangs eine Hilfe sein, die ersten
Versuche auf nasser oder sogar auf unbefestigter Fahrbahn zu machen.

Das mehrfache kurze Bremsen, das zum Eintauchen führt (Übung 1) und das pro-
vozierte kurzzeitige Überbremsen durch scharfes Anreißen des Handbremshebels
(Übung 3) sollte man auch deshalb in sein Repertoire aufnehmen, weil sich beide zum
Testen zweifelhafter Fahrbahnoberflächen eignen. (Näheres dazu beim Schlüsselbe-
griff Regen, Seite 125).

B

Vorderradbremse mehrmals kurz und heftig bis zum deutlichen Eintauchen betätigen!

Vorderradbremse ganz kurz scharf anreißen bis zum Radstillstand! (max. 0.1 s)

Die Übungen hören sich in der Beschreibung umständlich und zeitraubend an, und man mag sich vielleicht gar nicht vorstellen, die beiden ersten, das mehrmalige Eintauchen und ein paar Zielbremsungen, jeden Morgen oder zu Beginn einer jeden Ausfahrt durchzuführen. Dabei nehmen sie, wenn sie einmal sitzen, buchstäblich nur Sekunden in Anspruch, sofern man sie auf einer Strecke durchführen kann, die man ohnehin fährt. Freilich wird man zum Beispiel bei der zweiten Übung, den spontanen Zielbremsungen, die vorbereitende Phase zum Einüben bald weglassen, und auch die gelben Übungskarten werden schon bald durch die Memo Label ersetzt, und auch diese braucht man dann bald nicht mehr zur Erinnerung, höchstens noch einmal kurz zu Beginn der nächsten Saison.

Und die Hinterradbremse?

Von der Hinterradbremse war bis jetzt ja kaum die Rede. Hinterradbremse – das ist in der Tat ein trübes Kapitel beim Motorradfahren. In alten Zeiten war sie einmal die Hauptbremse, die Vorderradbremse dagegen nur eine Art Hilfsbremse, hauptsächlich vorgesehen für den Ausfall der Hinterradbremse. Damals war die Verzögerung beim Bremsen noch gering, was bei den mäßigen Geschwindigkeiten noch hinzunehmen war, und so gab es auch keine große *Radlastverschiebung*↗, die die Hinterradbremse um ihre Wirkung hätte bringen können. Je höher aber die Geschwindigkeiten und je besser die Bremsen wurden, desto mehr verlagerte sich das Bremsen auf das Vorderrad, und eine desto größere Rolle begann die Radlastverteilung zu spielen. Die Hinterradbremse konnte nur noch einen Teil der Bremsleistung übernehmen, der immer kleiner wurde und der heutzutage bei sehr hohen Verzögerungen im Extremfall bis auf Null zurückgehen kann!

Umgekehrt gilt nach wie vor: Langer Radstand, hohe Zuladung hinten und Bergauffahrt, aber auch eine geringere Haftung wie beispielsweise bei einer Bremsung auf einer nassen oder unbefestigten Fahrbahn, lassen – anteilig – einen stärkeren Einsatz der Hinterradbremse zu, weil dann die Vorderradbremse weniger Unterstützung durch die Radlastverschiebung erhält – äußerst schwierig, da mit einer herkömmlichen Bremsanlage auch nur einigermaßen die richtige Bremskraftverteilung zu finden!

Noch schwieriger als die halbwegs richtige Bremskraftverteilung zwischen vorne und hinten ist es, bei einer Vollbremsung Vorder- und Hinterradbremse so zu betätigen, dass sie beide im besten Bereich, das heißt knapp vor dem Übergang in die Gleittreibung, arbeiten. Es ist nicht nur schwieriger – es ist unmöglich. Denn dazu müsste der Fahrer Vorder- und Hinterradbremse *gleichzeitig ständig* überwachen und *gleichzeitig ständig* (aber eben vorne und hinten getrennt) nachregeln, und dazu ist der Mensch nicht in der Lage. Die herkömmliche Bremsanlage – das muss man in aller Deutlichkeit sagen – ist eine Konstruktion für einen Fahrer, den es gar nicht gibt.

Damit die Hinterradbremse trotz ihrer geringen Wirkung wenigstens etwas zur Bremswegverkürzung beitragen kann, hat man deshalb lange Zeit empfohlen, bei Notbremsungen, wie sie vor allem im Innerortsverkehr bei Geschwindigkeiten unter etwa 70 km/h vorkommen, hinten von vornherein voll zu blockieren und sich im übrigen

Abbildung 20: Ein blockierendes Hinterrad – kein Grund zur Aufregung

ganz auf die Vorderradbremse zu konzentrieren. Man ist dann zwar mit dem Hinterrad bereits über den Bereich der besten Verzögerung hinaus, aber es hilft wenigstens mit. *„Hinten blockieren, vorne dosieren"*, hieß die Parole – aber die Sache hat einen Haken. Man braucht zwar vor einer Hinterradblockade nicht zu erschrecken (Abbildung 20), und es ist erstaunlich, wie gut man sogar auf einer leicht quergeneigten Fahrbahn ein etwas querstehendes Motorrad noch dirigieren kann. Aber wenn nun vorne wirklich richtig gebremst wird – und das ist ja bei einer Notbremsung der Zweck der Übung –, dann kann bei den heutigen Bremsen das Motorrad durch ein Hinterrad, das zum „Überholen" ansetzt, um die Lenkachse zusammenklappen wie ein Taschenmesser.

Dann lieber hinten Spur halten und – vielleicht – ein wenig schwächer bremsen, aber dafür vorne verzögern, was nur geht! Das sieht dann folgendermaßen aus:

1. Man versucht, sich bei etlichen Hinterrad-Probebremsungen aus verschiedenen Geschwindigkeiten mit der ungefähren Bremskraft vertraut zu machen, die man zu einem guten Verzögern aufwenden muss, mit der man aber noch nicht in die Nähe einer Hinterradblockade kommt. Diese Probebremsungen mit der Hinterradbremse sollte man ruhig ab und zu wiederholen, vor allem dann, wenn man auf ein anderes Motorrad umgestiegen ist, denn die erforderliche Bremskraft ist bei den einzelnen Motorrädern äußerst unterschiedlich.

B

2. Diese Bremskraft setzt man von nun an bei Vollbremsungen oder bei Bremsungen, die in die Nähe einer Vollbremsung kommen, gewissermaßen automatisch ein, ohne den Bremsfuß dabei näher zu „beaufsichtigen". Das bringt zwar, da es sich um das mehr oder weniger entlastete Hinterrad handelt, keine überwältigende Verkürzung des Bremswegs, aber einige Prozent (die im Notfall entscheidend sein können!) sind drin.

3. Statt sich vom Hinterrad ablenken zu lassen, richtet man die volle Konzentration auf das Vorderrad, wo viel mehr zu holen ist, während die Hinterradbremse gewissermaßen mit einer „Festeinstellung" arbeitet.

Liegen besonders günstige Bedingungen für das Hinterrad vor (viel Last hinten, Fahrt bergauf, verminderte Verzögerung wegen geringerer Haftung), so kann man mit einer höheren „Festeinstellung" des Bremsfußes verzögern. Aber seien Sie dabei nicht zu großzügig, es sollte möglichst nicht zu einer Blockade des Hinterrades kommen, denn Sie können sicher sein: Sie werden es kaum schaffen, dann für einen Augenblick nur die Hinterradbremse zu lösen – die Vorderradbremse kommt mit! Und das kostet dann richtig Bremsweg!

Selbst hervorragende Motorradfahrer brechen nach einer Probefahrt mit einem Motorrad mit einer modernen Integralbremsanlage in laute Begeisterungsrufe aus; das sei wahrhaftig kein gewöhnliches Bremsen mehr; das lupfe einen aus dem Sattel; das sei schon fast ein Ankerwerfen usw. Dabei kann eine solche Bremsanlage rein von der Bremsleistung her gesehen auch nicht mehr als eine herkömmliche, nur eines kann sie eben unvergleichlich besser, nämlich die Bremskraft von Augenblick zu Augenblick auf Vorder- und Hinterrad so zu verteilen, dass die Haftung beider Räder stets voll ausgenutzt und trotzdem ein Blockieren vermieden wird.

gelesen am:

Vorschlag für den Lesepfad: eventuell dieses Schlüsselthema noch ergänzen mit den Stichwörtern ABS; Blockieren; Kurvenbremsung; Überbremsen; dann weiter mit Schlüsselthema Schreck

Bremskreise. Beim Motorrad handelt es sich bei der Vorder- und Hinterradbremse herkömmlicherweise um zwei getrennte Bremskreise, die im Gegensatz zum Automobil beispielsweise bei einer Vollbremsung zwar gleichzeitig, aber unabhängig voneinander zu betätigen sind, wobei der Fahrer möglichst nah an die sich wegen der Radlastverschiebung ständig verändernden Haftgrenzen von Vorder- und Hinterrad (*s.Haftung ↗*) herangehen muss und seinen Bremsdruck an diesen entlangzuführen hat. Diese Aufgabe kann der Fahrer grundsätzlich nur unvollkommen erfüllen. Er konzentriert sich deshalb auf die ungleich wirksamere Vorderradbremse und betätigt die Hinterradbremse nur beiläufig und ohne nähere Zuwendung. Das bedeutet jedoch, dass zahllose Vollbremsungen, bei denen das Hinterrad verstärkt zum Bremsen herangezogen werden könnte (wie beispielsweise bergauf oder mit einem schweren Sozius oder bei Nässe infolge des verringerten Einsatzes der Vorderradbremse) sich weit unterhalb des Optimums abspielen.

Erst in neuester Zeit entstehen dank elektronischer Regelungsmöglichkeiten und aufbauend auf dem *ABS*↗ anspruchsvollere integrale Bremsanlagen, die an die begrenzten menschlichen Möglichkeiten besser angepasst sind.

Bremspunkt heißt im Rennsport, aber auch bei bestimmten Trainingsaufgaben derjenige Punkt auf der Fahrlinie vor einer Kurve, an dem der Bremseinsatz erfolgen soll (Beginn der Bremsstrecke). Ein wesentlicher Teil eines Streckentrainings gilt der genauen Festlegung der Bremspunkte.

D

Dämpfung. Schwingungen, die rasch abklingen sollen (z.B. ein- und ausfedernde Räder oder flatternde Lenker), müssen gedämpft werden. Diese Dämpfung kann wie eine Bremsung verstanden werden, die entweder in beiden Richtungen der Schwingung wirkt wie beim *Lenkungsdämpfer*↗ oder getrennt jeweils nur in einer Richtung wie beim Einfedern (s. *Druckstufendämpfung*↗) oder beim Ausfedern (s. *Zugstufendämpfung*↗) der beiden Räder. Bei hochwertigen Dämpfern ist die Dämpfung bei hoher und geringer Ein- oder Ausfedergeschwindigkeit getrennt einstellbar („Highspeed-" und „Lowspeed-Dämpfung").

Data recording (Datenaufzeichnung), Sammelbezeichnung für Verfahren zur Erfassung der verschiedensten Messwerte (wie Drehzahlen, Federwege, Lenkeinschläge, Drosselklappenstellungen, Verzögerungen, Bremskräfte oder Temperaturen), die während der Fahrt aufgezeichnet oder mittels Telemetrie an eine Feststation (z.B. an die Box) weitergeleitet werden.

Drift, driften bezeichnet das gleichmäßige seitliche Weggleiten eines Fahrzeugs infolge einwirkender Seitenkräfte, wobei dank des *Schräglaufwinkels*↗ der Reifen die erforderlichen Seitenführungskräfte noch aufrechterhalten bleiben.

Drücken beschreibt eine Kurventechnik, bei der das Motorrad eine deutliche größere Schräglage als der Fahrer einnimmt. Außer im Gelände hat diese Fahrttechnik ihre Berechtigung nur beim schnellen Herbeiführen einer Ausweichbewegung bei mäßiger Geschwindigkeit. Das Motorrad wird dazu vom Fahrer mit einer kräftigen Bewegung in die Schräglage hinein*gedrückt*, wobei der Fahrer – durch dieses Wegdrücken von sich – diese Bewegung in die Schräglage nicht mitvollzieht (Abb. 46, S. 111), ihr aber im weiteren Verlauf sofort nachfolgt.

Druckstufendämpfung. Die Druckstufendämpfung bremst (fachsprachlich: „bedämpft") das Einfedern der Gabel oder des Federbeins (s. *Dämpfung*↗).

E

Einfedern s. unter *Druckstufendämpfung*↗

Einlenkpunkt. Der Einlenkpunkt markiert den Beginn der Kurvenfahrt. Beim Motorrad liegt *vor* dem eigentlichen Einlenkpunkt eine (nicht bewusst vollzogene) Lenkbewegung zur Herbeiführung der Schräglage *(siehe Schlüsselthema Lenkimpuls, S. 101)*. Der Einlenkpunkt kann durchaus noch *innerhalb* der Bremszone liegen. Der noch weniger Geübte beendet in der Regel am Einlenkpunkt das Bremsen (und blickt auch erst dann in die Kurve hinein – vgl. *Schlüsselthema Blickführung, insbes. S38f.*). Der Einlenkpunkt wird häufig auch **Ablösepunkt** oder **Absetzpunkt** genannt, was sich auf das Ablösen der Fahrlinie vom kurvenäußeren Rand des verfügbaren Fahrstreifens bezieht. Der Begriff Einlenkpunkt ist jedoch vorzuziehen, da in bestimmten Fällen dieser Punkt nicht am Rand des verfügbaren Fahrstreifens liegt (z.B. in Abb. 38, S. 91).

ESA. Die elektronische Fahrwerkseinstellung ESA (BMW) ermöglicht es, mittels Knopfdruck die *Federvorspannung*↗ an die jeweilige Beladung und die *Dämpfung*↗ an die Fahrbahnbeschaffenheit und die Fahrerbedürfnisse anzupassen, wobei die Anpassung der Dämpfung auch während der Fahrt möglich ist.

F

Fading. Mit diesem englischen Wort wird das Nachlassen der Bremswirkung bei zu starker Beanspruchung der Bremsen, z.B. bei Passabfahrten, bezeichnet. Häufig liegt Dampfblasenbildung in einer überalterten Bremsflüssigkeit vor (s. S. 21f.). Bei intakter Bremsflüssigkeit ist *Fading* ein Alarmzeichen für Überhitzung und drohende Zerstörung der Bremsen. In jedem Fall ist ein unverzügliches Abkühlen lassen angezeigt, was z.B. bei Passabfahrten in aller Regel Anhalten bedeutet; keinesfalls mit Wasser abkühlen.

Federbasis s. *Federvorspannung*↗

Federvorspannung. Die (einstellbare) Federvorspannung bestimmt die sog. Federbasis. Sie soll so gewählt werden, dass unter Belastung (einschließlich Gewicht des Fahrers) etwa ein Drittel des Gesamtfederwegs im Stand in Anspruch genommen wird, während der noch nicht beanspruchte Teil des Gesamtfederwegs als sog. *Positivfederweg* für das *Einfedern* zur Verfügung steht. (Vgl.a. *Beladung*↗)

F

Fehlerkaskade. In längeren Handlungsabläufen (wie z.B. Aufsagen eines Gedichts, Abfahren eines Streckenabschnitts) treten Fehler nicht ausschließlich in zufälliger Verteilung auf. Vielmehr können bei noch unzureichender Beherrschung der Tätigkeit oder hoher Belastung des Ausübenden einzelne Fehler in direkter Folge einen weiteren oder auch mehrere Fehler auslösen. Das kann im Extremfall, z.b. bei Schreck, zu regelrechten *Fehlerkaskaden* führen, die schließlich nicht mehr beherrschbar sind und zum Leistungszusammenbruch (Sturz, Unfall) führen (siehe Schlüsselthema *Schreck*, S. 135).

Fehlerzähler. Ein im Greifraum der linken Hand als *Trainingshilfsmittel* angebrachtes Zählwerk (sog. Stückzähler), in das jeder selbsterkannte Fehler eingetippt wird, wobei unberücksichtigt bleibt, ob es sich dabei um einen *Fahrfehler* (Beispiel: unrunde Kurve), einen *Bedienfehler* (Beispiel: Verschalten) oder einen *Verkehrsfehler* (Beispiel: durchgezogene Mittellinie überfahren) handelt. *(Ausführlich in „D. ob. Hälfte d.M.", S.152ff. [4.4])*

Fertigkeitsverlust. Jede erworbene Fertigkeit, die nicht genutzt wird, unterliegt einem *Fertigkeitsverlust*. Insofern ist bereits eine kurze Trainingspause mit einem Fertigkeitsverlust verbunden. Fertigkeitsverluste gehen schleichend vor sich und werden daher vom Betroffenen häufig überhaupt nicht bemerkt.
Die größten Fertigkeitsverluste sind beim sog. Wiedereinsteiger zu beobachten, der unter Umständen jahrzehntelang pausiert hat. Aber auch nach der Winterpause sind bereits deutliche Fertigkeitsverluste nachweisbar. Sie sind beim weniger Geübten größer als beim Routinier, obwohl auch da vorhanden.

flattern s. *Lenkerflattern*⁐

***Flow, Flow*-Erlebnis,** ist ein Zustand erhöhten Wohlbefindens, der sich einstellt beim völligen Aufgehen in einer Tätigkeit, die gut beherrscht wird. In vielen Fällen macht der *Flow* lang andauernde Belastungen überhaupt erst möglich, mindestens erträglich, wobei der *Flow* jedoch unter Kontrolle gehalten werden muss. Nicht kontrolliert birgt er, insbesondere bei Risikosportarten, große Gefahren: Er neigt dazu „durchzugehen", wobei durch die fortschreitende Einengung des Bewusstseins das Umfeld und damit auch die Gefahren immer weiter ausgeblendet werden. *(Ausführlich in „D. ob. Hälfte d. M.", S. 139ff. [3.9])*

Fluchtweg nennt man einen sich bietenden *Ausweg* aus einer plötzlich aufgetretenen unfallträchtigen Hindernissituation. Führt der Fluchtweg zu einem Verlassen der Fahrbahn, so spricht man von der **Flucht ins Gelände;** sie wird bei Perfektionstrainings systematisch geübt.

TIPP: Man sollte sich – mindestens auf Streckenabschnitten, auf denen man zum Langsamfahren gezwungen ist – immer wieder mit den sich gerade bietenden Fluchtwegen vertraut machen, damit solche im Ernstfall augenblicklich als Fluchtwege erkannt werden. Entscheidend bei der Benutzung eines Fluchtwegs ist die richtige Blickführung, bei der der Blickpunkt auf den Fluchtweg, nicht auf das Hindernis gerichtet sein soll. (Ausführlich zum Fluchtwegtraining in „D. ob. Hälfte d. M.", S. 162ff. [4.6])*

G

Gabelflattern (nicht zu verwechseln mit *Lenkerflattern*⁐) wird ausgelöst durch ein hartes Anreißen der Vorderradbremse, das zu Biegeschwingungen im Vorderbau führt und sich in Ratterschwingungen des Vorderrads äußert, das mit einer Frequenz von ca. 20 Schwingungen pro Sekunde mit zum Teil extremen Ausschlägen in der Horizontalen vor- und zurückschlägt. (Beim Vorderradstempeln – s. unter *Stempeln*⁐ –, ebenfalls einer Ratterschwingung, ist dagegen die Frequenz geringer, und das Vorderrad schwingt in Federrichtung der Gabel.) Gabelflattern tritt vor allem bei modernen Motorrädern auf und ist abhängig von der Bereifung, dem Bremsbelag und der Rahmen- und Gabelsteifigkeit.

Gas anlegen s. unter *Stützgas*⁐

Gegenlicht s. *Sonnenblendung*⁐

Gehörschutz wird im Allgemeinen zu wenig beachtet. Ein Gehörschutz sollte, um Spätschäden zu vermeiden, bei allen längeren Fahrten und bei allen Fahrten, bei denen 100 km/h überschritten werden, getragen werden. Die Nachlässigkeit gegenüber dem Gebrauch eines Gehörschutzes ergibt sich daraus, dass sich der Fahrer an den Lärmpegel schon nach kurzer Fahrt gewöhnt.

TIPP: Sich angewöhnen, bei allen längeren Fahrten (und auch bei kürzeren Fahrten, bei denen 100 km/h überschritten werden) einen Gehörschutz zu verwenden. (Trick: Für viele Fahrer wird die Befolgung dieses Vorsatzes dadurch erleichtert, dass sie ihn mit dem Motorgeräusch verbinden, dass man ohne das starke Fahrtwindgeräusch viel besser hören kann.)

Gleitreibung s. unter *Haftreibung*⁐

Grip wird alltagssprachlich gebraucht im Sinne von Haftung des Reifens auf der Fahrbahn (s. *Haftreibung*⁐).

H

Habitualisierung, habitualisieren, ist das allmähliche Herausbilden einer Gewohnheit, eine tiefe Form der „Gewöhnung", die eine entsprechende Handlung schließlich unverzichtbar werden
läßt. Habitualisierung steht, soweit sie Verhaltensweisen und Handlungen betrifft, mit der *Automatisierung* in engem Zusammenhang (s.a. *Programm*).

Haftreibung, Haftung. Ein Körper, der mit einem
anderen kraftschlüssig in Verbindung steht, z.B.
auf diesem liegt, und auf den eine Kraft einwirkt,
die ihn zu verschieben sucht, entwickelt Haftreibung. Wird die einwirkende Kraft zu groß, so beginnt der Körper in Richtung der einwirkenden
Kraft zu gleiten: Die Haftreibung geht über in die
Gleitreibung, die geringer als die Haftreibung ist
(s.a. Abb. 53 in „D. ob. Hälfte d. M.", S. 130).
Auch beim rollenden Rad spricht man von *Haftreibung* bzw. *Haftung*, was bei der Betrachtung
eines einzelnen Teilchens der Lauffläche deutlich
wird: Für den kurzen Augenblick, in dem dieses
die (weiterwandernde) *Aufstandsfläche* von
vorn nach hinten durchläuft, befindet es sich wie
ein ruhender Körper in einem stationären Kontakt
mit der Fahrbahn.

Handbremspumpe, Radial-. Gegenüber der
herkömmlichen Handbremspumpe liegt der Vorteil der Radial-Handbremspumpe in einer (geringfügig) feineren Dosierbarkeit des Bremsdrucks und einer (geringfügig) besseren Rückmeldung, jedoch nicht, wie häufig angenommen,
in einem höheren Bremsdruck, der mit der gleichen Handkraft erzielbar wäre.

Handlungsprogramm s. *Programm*

Hanging off ist eine besondere Kurventechnik im
Rennsport, die dadurch gekennzeichnet ist, dass
der Fahrerschwerpunkt möglichst weit nach innen-
unten verlagert wird. Das dabei ausgeklappte
kurveninnere Knie („Knie am Boden"), das als
„Taster", aber auch zur Aufnahme einer Stützlast
eingesetzt werden kann, ist dabei nur ein äußeres,
wenn auch besonders auffälliges Merkmal. *(Ausführlicher in „D. ob. Hälfte d. M.", S. 258f., Anm.
61).*
Entgegen einer weitverbreiteten Meinung ist mit
Hanging off keine größere Kurvengeschwindigkeit erzielbar. Die geringere Schräglage des
Motorrads im *Hanging-off*-Zustand bedeutet jedoch einen geringeren Radsturz, der zusammen
mit dem *Schräglaufwinkel* die *Seitenführungskräfte* entstehen lässt. Da der Schräglaufwinkel
in der *Hanging-off*-Haltung einen größeren Teil

der Seitenführungskräfte aufbringen muss, erhöht
sich dieser, was dem Fahrer bessere Information
über die Annäherung an den Grenzbereich und damit ein erhöhtes Sicherheitsgefühl vermittelt.

High sider, ein gefährlicher Sturz, der fast ausschließlich im Rennsport vorkommt. Bei Haftungsverlust in extremer Schräglage gewinnt unter bestimmten Bedingungen der weggehende
Reifen plötzlich wieder Haftung, wodurch sich
das Motorrad schlagartig aufrichtet und nach der
Gegenseite umklappt, wobei der Fahrer hoch- und
über das Motorrad hinweggeschleudert wird.
Highsider-Stürze sind vor allem durch Maßnahmen der Reifenhersteller, aber auch durch Veränderungen in der Fahrwerksgeometrie erheblich
zurückgegangen. (Vgl. *Low sider*)

Hilfsvorstellungen sind handlungserleichternde
oder handlungsverbessernde Vorstellungen zur
Herbeiführung eines bestimmten Körpergefühls,
häufig sachfremd oder sogar sachlich unsinnig
(„stell' dir vor, du würdest nicht oben *drauf*sitzen,
sondern tief *drin*sitzen"). Hilfsvorstellungen
können sowohl vorbereitend als auch handlungs-
begleitend eingesetzt werden. *(Ausführlich in „D.
ob. Hälfte d. M.",S. 172ff. [4.8])*

Hinterstechen ist bei Trainings eine häufig ge-
brauchter Ausdruck beim Erläutern der richtigen
Fahrlinie. Er entstammt dem Dreher- und Drechs-
lerhandwerk und besagt hier, dass die Fahrlinie
nicht wie in den meisten Fällen am Kurvenende
zur Kurvenaußenseite hin ausschwingt („hinaus-
tragen lassen"), sondern wegen einer Folgekurve
an der Innenseite weiterverläuft (vgl. dazu z.B.
Abb. 38, S.91).

**Abbildung 21 „Hanging off", Verlagerung des
Fahrerschwerpunktes nach innen-unten**

Hundekurve. Eine Hundekurve ist eine Kurve,
die sich zuzieht, also enger wird (Abb. 39, S.92).
Deshalb wird im Kurvenverlauf eine Verkleinerung des Radius der Fahrlinie und damit eine Erhöhung der Schräglage erforderlich, was bei höheren Geschwindigkeiten unter Umständen an

den fahrphysikalischen Grenzen oder, häufiger, an den Fähigkeiten des Fahrers scheitert.

Zur Bewältigung einer zu schnell angefahrenen Hundekurve siehe Seite 92ff. Um den Blick für ein möglichst frühzeitiges Erkennen einer Hundekurve zu schärfen, ist es von Nutzen, auch bei moderatem Tempo *jede* Kurve danach zu beurteilen, ob sie – und sei es auch nur in geringem Maße – Hundekurven-Charakteristik aufweist. (Der Ausdruck Hundekurve stammt aus der Jägersprache: Der verfolgte Hase kann sehr enge Haken schlagen, wobei der dicht folgende Jagdhund mit einem viel zu großen Kurvenradius überschießt, was er dann, sich verlangsamend, mit einer zunehmend enger werdenden Kurve korrigiert.)

I

Ichfern verlaufen psychische Vorgänge (hier insbesondere *sensumotorische*⌒ Abläufe) dann, wenn sie sich ohne Beteiligung des Bewusstseins abspielen. (Vgl. *unthematisch*⌒ und *bewusstseinspflichtig*⌒)

Ideallinie. Die Ideallinie beim Kurvenfahren ist diejenige Linie, bei deren Durchfahren mit gleichbleibender Geschwindigkeit die geringsten Fliehkräfte entstehen, mithin diejenige Linie, die in der Summe die geringsten Seitenkräfte aufweist. Insofern kann sie sowohl zur Erzielung möglichst hoher Geschwindigkeit als auch zur Erreichung möglichst großer Sicherheitsreserven eingesetzt werden. Die Ideallinie ist jedoch nicht unter allen Bedingungen die schnellste Linie, da die Minimierung der *Seitenkräfte*⌒ durch möglichst große Radien erfolgt, d.h. durch *Ausholen*⌒ und *Ausschwingen lassen*⌒, was eine Verlängerung der Wegstrecke bedeutet. Ein kürzerer Weg lässt sich durch ein „spitzeres" Anfahren der Kurven erzielen (Kampf- oder *Rennlinie*⌒). Da das aber zu einem kleineren Radius im Mittelstück der Kurve führt, lässt sich eine höhere Geschwindigkeit nur realisieren, wenn ein verstärkter Bremseinsatz erfolgt und eine ausreichende Beschleunigungsreserve zur Verfügung steht. *(Ausführlicher in „D. ob. Hälfte d. M.", S. 74ff. [2.4])*

K

Kaltsturz s. unter *Reifentemperatur*⌒

Kammscher Kreis. Der Kammsche Kreis stellt die Kräfte, die auf das Rad einwirken, in ihrem Verhältnis zueinander dar. Dabei handelt es sich einmal um die *Längskräfte*⌒, die beim Bremsen und Beschleunigen entstehen (und denen das Rad die *Umfangskräfte*⌒ entgegensetzt); zum anderen um die *Seitenkräfte*, quer zur Laufrichtung des Rades, die beim Durchfahren einer Kurve übertragen werden müssen (und die von den *Seitenführungskräften*⌒ des Rades aufgenommen werden). Längskräfte und Seitenkräfte erscheinen als Vektoren (Abb. 22, Pfeile), deren Länge die Größe der Kraft darstellt. Wichtigste Einsicht dabei: Wirken verschiedene Kräfte gleichzeitig ein, so entscheidet die Resultierende (in der Abb. 22 als Beispiel eingezeichnet: Bremsen in einer Linkskurve). Wird der Kreis, dessen Durchmesser von der herrschenden Haftung bestimmt wird, von einem Vektor überschritten, so geht das Rad von der *Haftreibung*⌒ in die Gleitreibung über. *(Ausführlicher in „D. ob. Hälfte d. M.",S. 129ff. [3.7])*

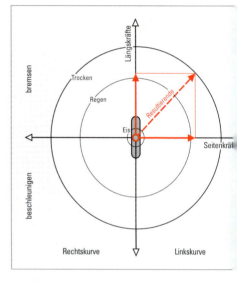

Abbildung 22: Der Kammsche Kreis

Kampflinie s. *Rennlinie*⌒

Kenterbereich ist der Geschwindigkeitsbereich, in dem das Motorrad noch keine ausreichende Eigenstabilität entwickelt und zur Aufrechterhaltung der Balance fortgesetzter Korrekturen über die Lenkung bedarf.

Kickback s. *Lenkerschlagen*⌒

Knieschluss. Zur Erzielung einer möglichst engen Mensch-Maschine-Einheit sollen die Kontaktpunkte zwischen Fahrer und Motorrad möglichst zahlreich sein. Frühzeitiges Herunternehmen der Füße von den Fußrasten vor dem Anhalten oder Herabhängenlassen der Beine beim

Anfahren (wie überhaupt beim Langsamfahren), wozu viele Fahrer neigen, reduzieren diese Verbindung an gleich vier wichtigen Stellen (beide Knie, beide Füße).

Wie sehr es auf diese fixierende Verbindung an-kommt, ersieht man daraus, wie schwer es ist, unterhalb Schritttempo einen engstmöglichen Kreis mit nicht auf den Fußrasten stehenden Füßen zu fahren.

Kolonnenfahren (Schlüsselthema) s. Kasten

Schlüsselthema:
Kolonnenfahren, Gruppenfahren

Bitte Abstand halten!

Motorradfahrer unternehmen ihre Ausfahrten mit Vorliebe in Gruppen. Sicherlich eine gute Sache, und für den Neuling der beste Weg, mit der Motorradwelt rasch vertraut zu werden.

Zum Fahren in der Gruppe gibt es bekanntlich einige Regeln wie zum Beispiel: Jeder achtet auf seinen Hintermann; nicht abreißen lassen; nicht zu dicht auffahren; keine zu großen Gruppen bilden (siehe dazu „Die 10 Regeln für das Fahren in der Gruppe" auf Seite 67f. und die Karte 14 im Anhang).

Die harmlos klingende Aufzählung steckt in der Praxis voller Probleme, aber der heikelste Punkt von allen ist der letzte: Es wird immer wieder in zu großen (und manchmal viel zu großen) Gruppen gefahren. Dazu ein paar Rechenbeispiele:

Schauen wir uns eine Gruppe an, die aus sechs Motorrädern besteht. Ich wähle mit Bedacht gar keine übergroße Gruppe, sondern eine Fahrzeugzahl, die als vertretbar gilt, obwohl man oft wesentlich größere Gruppen sieht, bei denen dann die Rechenergebnisse überwältigend ungünstig würden. Nehmen wir außerdem an, dass mit einem durchschnittlichen Abstand von zehn Metern gefahren wird (was gebräuchlich, aber zu wenig ist, wie wir noch sehen werden). Die Schlange ist dann an die 60 Meter lang – das ist wirklich noch keine Länge! Und doch: Fährt sie zum Beispiel auf einer Landstraße mit 90 km/h, dann wird es auch bei geringer Verkehrsdichte wahrscheinlich nicht lange dauern, bis ein Autofahrer aufläuft und sich, weil er nun langsamer fahren muss, von den Motorradfahrern aufgehalten fühlt und auf eine Überholmöglichkeit wartet. Überholt er dann und fährt mit 100 km/h an der Kolonne vorbei, braucht er (reine Vorbeifahrzeit ohne Ein- und Ausscheren) 22 Sekunden. Das hört sich akzeptabel an, aber das bedeutet: Er benötigt dafür mehr als einen halben Kilometer! Fegt er mit 130 km/h an der Gruppe vorbei, dann beträgt die Überholzeit nur noch knapp sechs Sekunden, aber – oh wei! – das sind immer noch über 200 Meter, und mit Ausscheren und Einscheren kommt leicht ein viertel Kilometer zusammen! Solche Überholgelegenheiten von einem viertel Kilometer und mehr sind bei unseren heutigen Straßenverhältnissen gar nicht so häufig anzutreffen. Oft genug wird dem ungeduldigen Autofahrer, der seinen Überholweg wahrscheinlich gar nicht so genau abschätzen konnte, wegen unerwartetem Gegenverkehr gar nichts anderes übrig bleiben, als das Überholen abzubrechen und irgendwo mitten in der Gruppe einzuscheren. Das ist viel gefährlicher, als es sich anhört. Schert er sacht in einem spitzen Winkel allmählich ein, dann drängt er leicht einen Motorradfahrer ab, der ihn vielleicht gar nicht gleich bemerkt hat; setzt er sich mit einem abrupten Einschwenken in eine kleine Lücke, dann nimmt er dem Motorradfahrer, vor den er sich setzt, den Sicherheitsabstand weg (worüber er sich meistens gar nicht im Klaren ist) und verschärft die Situation zusätzlich noch, weil er sich notgedrungen durch Verlangsamen an die Gruppengeschwindigkeit anpassen muss.

Ersparen Sie mir, eine Gruppe mit zwölf oder noch mehr Motorrädern, die in der Regel auch noch mit einem größeren durchschnittlichen Abstand fährt, vorzurechnen. Es kommen unglaubliche Strecken heraus, wie sie bei den heutigen Straßenverhältnissen so gut wie nie zur Verfügung stehen. Freilich, je langsamer eine solche große Gruppe fährt, desto rascher ist sie zu überholen, das stimmt – aber desto häufiger animiert sie eben auch Autofahrer zu einem vielleicht gewagten Überholmanöver.

Jedenfalls sind das recht überraschende Zahlen! Da hilft alles Nachrechnen nichts, es bleibt dabei: keine Gruppe mit mehr als fünf, höchstens sechs Motorrädern! So ab sieben, acht Motorrädern fangen die Gruppen an, verteufelt gefährlich zu werden – und zwar ohne dass man das gleich auf den ersten Blick erkennen würde.

Je zügiger eine Gruppe unterwegs ist, desto strenger muss das beachtet werden. Aber daraus nicht umgekehrt ableiten, dass man sich mit gemütlichen Fahrern ruhig richtig große Gruppen leisten könne! Denn diese Fahrer sind im Ganzen eher zögerlich und fahren zähflüssiger, und zwar auch dann, wenn es einmal auf blitzschnelles Entscheiden und fixes Überholen ankäme. Und schon nimmt das Unheil seinen Lauf.

Die Probleme einer zu großen Gruppe lassen sich durch dichteres Aufschließen – das aber schnell unverantwortlich wird – etwas verbessern, womit wir schon beim

---

**Nichts fürchtet der noch
Unerfahrene mehr als das Abreißen
vom Vordermann**

---

zweiten heiklen Punkt des Gruppenfahrens sind:

Der Fahrer steckt in einem ständigen Konflikt beim Einhalten von zwei Fahrregeln, *die gegeneinander gerichtet sind*, nämlich nicht zu dicht aufzufahren, aber auch keine zu großen Abstände aufkommen oder es gar abreißen zu lassen. Gerade der weniger Geübte fürchtet nichts mehr als das Abreißen. Der Konflikt wird am deutlichsten sichtbar vor einer Ampel, die noch auf grün steht. Die nachfolgenden Fahrer beschleunigen und vermindern ihren Sicherheitsabstand, um auf jeden Fall auch noch über die Kreuzung zu kommen, was in der Gruppe bekanntlich selbst dann noch häufig geschieht, wenn die Ampel schon auf gelb gesprungen ist. Hält dann der Vorausfahrer doch noch plötzlich an, hat der Fahrer dahinter, der es unbedingt noch packen wollte, gleich *zwei zusätzliche* Gefahrenmomente zu bewältigen, die er sich selbst eingebrockt hat, nämlich den soeben verringerten Sicherheitsabstand und die gerade erhöhte Geschwindigkeit. Da können schnell die letzten Reserven aufgebraucht sein.

Die Angst abzureißen, ist auch schuld daran, dass sich gerade der schwächste Fahrer in der Gruppe am wenigsten traut, sich zurückfallen zu lassen, wenn ihm das Tempo der Vorausfahrer zu groß ist. Stattdessen riskiert er Kopf und Kragen um mitzuhalten. Gerade er möchte sich gruppenkonform verhalten, deshalb sollte man ihn ausdrücklich ermuntern, im gegebenen Fall es ruhig abreißen zu lassen. Keinesfalls sollte man durch abfällige oder anfeuernde Bemerkungen noch größeren Gruppendruck aufbauen. Soviel zu dem Konflikt zwischen „dranbleiben!" und „nicht zu dicht auffahren!".

Aber nicht nur beim Fahren in der Gruppe ist der Abstand zum Vordermann ein Thema, das mehr beachtet werden sollte. Die alte Faustregel mit dem „halben Tacho"[1] hat überall im Straßenverkehr ihre Berechtigung. Sie ist leicht anzuwenden, bei den im Alltag gebräuchlichen Geschwindigkeiten völlig ausreichend, und man kommt auch unter ungünstigen Bedingungen noch gut zurecht, so man das Bremsen auch nur einigermaßen beherrscht. Deshalb sollte man diesen *sicheren Sollabstand* einhalten, wann immer es möglich ist, und sollte zu geringe Abstände, die sich immer wieder einmal einstellen können, so schnell wie möglich auf „1/2 Tacho" vergrößern. Das große Problem dabei: Die Wenigsten sind im Entfernungsschätzen genügend sicher.

Die Tacho-Regel hat sich durchgesetzt, weil sie, wie mir einmal ein Oberer von der Verkehrspolizei mit großem Ernst sagte, „dem breiten Mann auf der Straße" leichter zu erklären sei. Das stimmt, sie ist anschaulicher, aber leichter *anzuwenden* ist die 2-Sekunden-Regel: Beim Auftauchen irgend einer Marke unter oder neben dem Vorausfahrer (einer Fahrbahnmarkierung, einem Belagwechsel, einer Querfuge, einem Kanaldeckel usw.)

---

[1] Sie lautet: Die Hälfte der angezeigten Geschwindigkeit in km/h ergibt den *sicheren Sollabstand* in Metern.

zählt man im normalen Tempo eines deutlichen Sprechens „**ein**-und-zwan-zig-**zwei**-und-zwan-zig-" und hat damit ziemlich genau – siehe da! – den halben Tachoabstand.[1] –

In der Gruppe freilich wird üblicherweise etwas dichter aufgefahren als „1/2-Tacho", was man sich leisten kann, weil – im Gegensatz zum sonstigen hintereinander Herfahren – alle das gleiche Ziel haben und nahezu deckungsgleiche Einzelabsichten verfolgen. Ein bewährtes Maß für das Gruppenfahren lautet deshalb „1/3-Tacho". Dieses dichtere Auffahren kann man sich guten Gewissens aber nur leisten, wenn man *versetzt* fährt, das heißt, nicht auf der gleichen Spur wie der Vorausfahrende, sondern eine gute Lenkerbreite links oder rechts daneben, sodass in der Gruppe die Fahrer 1 und 3 auf einer Linie ein wenig weiter links, die Fahrer 2 und 4 ein wenig mehr rechts fahren usw. (Abbildung 23). Das lässt sich nicht ständig einhalten, zum Beispiel nicht in engeren Kurven oder beim Überholen, aber diese Ordnung sollte nach Störungen sofort wieder aufgenommen werden.

Das seitlich versetzte Fahren spielt aber nicht nur bei der Gruppenausfahrt eine Rolle. Man sollte es sich zur festen Regel machen, immer, wenn man irgendwo hinterherfahren muss, versetzt zu fahren – mit der schmalen Silhouette eines Motorrads kann man sich das ohne weiteres leisten. Die Mittellinie eines Vorausfahrers scheint jedoch eine enorme Anziehungskraft auszuüben. Allzu oft sieht man diese Bilder wie in Abbildung 24 und ertappt sich vielleicht sogar selbst einmal auf einer solchen Spur. Deshalb muss man dagegen angehen, aber das funktioniert nur, wenn wir ein festes *Programm*⌐ dafür erwerben, das uns das automatisch, ohne

Abbildung 23: Auch in kleinen Gruppen sollte man seitlich versetzt fahren.

[1] Man kann die eigene „Zähluhr" eichen: Zehn Mal „**ein**-und-zwan-zig-" ohne eine Pause zwischen den Worten sprechen und die Zeit stoppen.

dass wir daran denken müssten, richtig machen lässt. Fährt man hinter einem Auto her, so genügt schon ein Versetzen bis auf die Spur der linken oder rechten Räder. Der mittlere Bereich, in den Abbildungen 25 und 26 rot schraffiert, ist tabu.

Immer wieder einmal daran denken: Für eine plötzliche Richtungsänderung von 15 bis 20 Grad – die typische Ausweichbewegung – braucht ein Motorrad, das beispielsweise mit 80 bis 100 km/h fährt, mehr als die dreifache Zeit eines Autos (siehe auch Schlüsselthema *Lenkimpuls*, Seite 101).

> **Genügend versetzt hinterherfahren!**

Abbildung 24: Wer so dicht auffährt, fährt meistens auch genau mittig hinter dem Vorausfahrer her.

Ertappt man sich – trotz besseren Wissens – beim Hinterherfahren häufiger einmal ohne seitlichen Versatz, also genau auf dieser so verlockenden Mittellinie des Vorausfahrers, dann sollte man sich für eine Weile das Label „Genügend versetzt hinterherfahren!" auf Tank, Tanktasche oder Gabelbrücke kleben. Steter Tropfen höhlt den Stein das gilt auch für die Vorsätze.

Durch das seitliche Versetzen, dessen Automatisierung das **Trainingsziel** der nächsten Übung ist, ist auch schon entschieden, auf welcher Seite im Notfall am Vorausfahrenden vorbeigefahren wird. Das ist nützlich, denn allzu oft kommt es beim nicht versetzten Hinterherfahren vor, dass diese Entscheidung, die ja au-

Abbildung 25: Das ist der absolute Tabubereich für den Motorradfahrer!

genblicklich erfolgen müsste, *nicht gelingt (!)*, und der Fahrer nur noch bremst – wenn es wirklich eng war, dann mit bösen Folgen.

Nirgends lässt sich das seitlich versetzte Hinterherfahren besser üben als beim Gruppenfahren. Aber, so fragt man sich da, muss man so etwas denn tatsächlich *üben*? Genügt es nicht, wenn man das allen Teilnehmern sagt? – Es genügt nicht. Wir kommen gleich darauf zurück.

Abbildung 26: Die Auffahrunfall-Schleppe. Von jedem Auto wird eine unsichtbare Tabuzone wie eine Schleppe hinterhergezogen. Sie wird mit zunehmender Geschwindigkeit länger, ihre Länge beträgt mindestens „1/3 Tacho" in Metern.

12

Übung zum Gruppenfahren: Versetzt fahren

„Die 10 Regeln für das Fahren in der Gruppe" (S. 67f. und als Karte 14) mit den Teilnehmern kurz durchgehen. Die Übung „Versetzt fahren" läuft während der gesamten Ausfahrt.

Die Teilnehmer einigen sich auf die Reihenfolge, die Fahrer mit ungerader Ordnungszahl fahren um eine Lenkerbreite links versetzt, die mit gerader Ordnungszahl entsprechend rechts versetzt. Nach jeder Fahrpause werden die Plätze gewechselt, damit alle sowohl links- als auch rechtsversetztes Fahren einüben und allmählich automatisieren.

Mehrmals rechtsversetzt gefahren ☐

mehrmals linksversetzt gefahren ☐

den Vorsatz ab und zu für einige Kilometer vergessen ☐

nach Störung fast immer sogleich in die vorgesehene Ordnung zurückgekehrt ☐

Übung bei einer späteren Gruppenausfahrt wiederholt ☐

☐

☐

Beachten:
- Bereits der erste Fahrer sollte versetzt fahren, und zwar nach links, da er zur Beurteilung von Überholmöglichkeiten ohnehin häufig näher an die linke Fahrstreifenbegrenzung heranfahren muss.

Dass das seitliche Versetzen immer wieder vergessen wird, ist am Anfang geradezu die Regel! Denn dass einem das versetzte Fahren einleuchtet und man es auch ernsthaft beherzigen will, heißt eben noch lange nicht, dass man es dann auch regelmäßig tut! Der Automatismus dazu muss, wie gesagt, erst aufgebaut werden. Fährt man bei der Übung in der Gruppe weiter hinten, dann wird man – hoffentlich – durch das Verhalten der Vorausfahrenden an das versetzte Fahren erinnert. Nummer 2 freilich ist ganz auf sich selbst gestellt. Da kann die Verwendung des Memo Label „Genügend versetzt hinterherfahren!" als Erinnerungsstütze nützlich sein.

Erst wenn das versetzte Fahren nach jeder Störung ganz automatisch und zum frühesten Zeitpunkt, der möglich ist, wieder aufgenommen wird, hat sich ein Handlungsprogramm etabliert. Es ist allerdings noch nicht sehr stabil, und am Nachmittag sieht man dann gewöhnlich, wie mit zunehmender Ermüdung die Gefahr des Rückfalls in ein altes Verhaltensprogramm zunimmt – es wird wieder vermehrt in einer Reihe hintereinander hergefahren. Aber das neue Programm lässt sich durch Fortsetzung dieses Trainings rasch weiter verfestigen. –

Nützliche Abstandsübungen lassen sich auch bei Alleinfahrten durchführen. **Trainingsziel** im Folgenden: Sicherer werden in der Einschätzung des richtigen Abstands bei verschiedenen Geschwindigkeiten. Beispielsweise kann man jedes Mal, wenn man sich einem vorausfahrenden Fahrzeug allmählich nähert, trainingshalber den folgenden Check anstellen, bei dem es immer wieder um den gleichen Ablauf geht, nämlich: Abstand *einnehmen – einhalten – überprüfen – anpassen – sich einprägen*. Dabei bedeutet „überprüfen" Ermittlung des Soll-Abstands und „anpassen" Korrektur des Ist-Abstands.

13

Übung zur Einschätzung des richtigen Abstands

Beim allmählichen Annähern an einen vorausfahrenden Wagen

1. den richtigen Abstand nach Schätzung **einnehmen**.

2. Diesen Ist-Abstand für einige Hundert Meter **einhalten** und dabei

3. Ist-Abstand **überprüfen** (dazu für den Soll-Abstand die 2-Sekunden- oder die „1/2-Tacho"-Regel anwenden).

4. Den Ist-Abstand an den Soll-Abstand **anpassen** und diesen **sich einprägen**.

Bei 50 km/h	☐	bei 100 km/h	☐
60 km/h	☐	120 km/h	☐
70 km/h	☐		☐
80 km/h	☐		☐

Beachten:

• Hat man die Übung oft genug durchgeführt, benutzt man nur noch die Kurzformel „Abstand *einnehmen – einhalten – überprüfen – anpassen – sich einprägen"* und braucht dann keine Übungskarte mehr. Es genügen die Stichworte auf dem Label, und bald wird auch das nicht mehr gebraucht.

Abstand:
1. einnehmen 4. anpassen
2. einhalten   5. sich einprägen!
3. überprüfen

Im Alltag und ohne Trainingsabsicht absolviert man ja gewöhnlich nur den ersten und zweiten Schritt, und auch das nur ganz beiläufig. Ein Trainingseffekt stellt sich dabei kaum ein. Deshalb sollte man diese Übung während einer ganzen Ausfahrt immer wieder praktizieren, gerade auch, wenn man allein unterwegs ist. Man wird beobachten, dass der gewählte Ist-Abstand allmählich immer weniger vom ermittelten Soll-Abstand abweicht. Diese Übung ist der schnellste Weg, um einen sicheren Blick für den richtigen Abstand unter den verschiedenen Bedingungen zu erwerben. Wahrscheinlich wird man dann später in einer langweiligen Situation, zum Beispiel in einem endlos langen Überholverbot, diesen Check ganz spontan erneut durchführen – das nennt man dann *Programmpflege.* –

Im Folgenden sind hier noch einmal die eingangs erwähnten Regeln für das Gruppenfahren vollständig wiedergegeben. Sie wurden aus den verschiedensten mehr oder weniger vollständigen Reglements, die im Umlauf sind, zusammengestellt. Sie befinden sich außerdem zur Mitnahme auf die Tour noch einmal auf einer gelben Karte im Anhang.

14

Vor der Abfahrt mit den Teilnehmern kurz durchgehen!

Die 10 Regeln für das Fahren in der Gruppe

1. Keine Gruppen mit mehr als fünf oder sechs Motorrädern, besser weniger! Zu große Gruppen in selbstständige Untergruppen aufteilen und **sicherstellen, dass nicht wieder aufgeschlossen wird.**

2. Alle starten vollgetankt. Wenn der Erste tanken muss, tanken alle.

3. Fahrtziel (Zwischenziele, Haltepunkte) vereinbaren.

4. Jeder achtet auf seinen Hintermann.
   - Ist der Hintermann außer Sicht: sofort deutlich verlangsamen;
   - gegebenenfalls (z. B. wenn der Hintermann nicht mehr über eine Ampel gekommen ist) an geeigneter Stelle anhalten (außerhalb der Fahrbahn, gute Rückspiegelsicht nach hinten);
   - nach 5 Minuten zurückfahren bis zum letzten Punkt, an dem der Hintermann noch zu sehen war;
   - dort warten, bis auch die Gruppenspitze zurückkommt.

5. Nicht innerhalb der Gruppe überholen, Änderungen in der Reihenfolge nur nach eindeutiger Zustimmung bzw. Aufforderung durch den Vordermann.

6. Nicht aus Unachtsamkeit abreißen lassen, **sich aber nicht scheuen, bei zu hohem Tempo der Vorausfahrenden abzufallen!**

7. Sicherheitsabstand einhalten, wobei sich für das Gruppenfahren die Regel „1/3 Tacho" bewährt hat.

8. Links-rechts-versetzt fahren (übungsbedürftig!). Nummer 1 beginnt mit *links* versetzt.

9. Beim Überholen anderer Verkehrsteilnehmer Überholgeschwindigkeit lange genug beibehalten, damit Platz für die Nachfolgenden zum Wiedereinscheren bleibt.

10. *Anhaltewunsch, nicht dringend:* Blinker rechts setzen, die Vorausfahrenden geben das Signal an die Gruppenspitze weiter (Vorsicht bei Abzweigungen usw., nachfolgenden Verkehr nicht irritieren!).
Anhaltewunsch, dringend: Selbständig Anhalten (ebenso die Nachfolgenden!), den weiteren Ablauf regelt Punkt 4.

Clubausfahrten ...

Freilich entsteht immer wieder einmal das Bedürfnis, eine größere Zahl von Motorrädern auf die Strecke zu schicken, beispielsweise bei Clubausfahrten. Einfach in einem Riesenhaufen drauflosfahren geht nicht, das ist aus dem Vorangegangenen wohl deutlich genug geworden, zumal dann von einer gewissen Länge an noch Pufferbewegungen dazukommen, die sich aufschaukeln und von einem bestimmten Punkt an nicht mehr zu beherrschen sind. Man muss dann eine Organisationsform finden, bei der das Risiko (das auf jeden Fall zunimmt) nur so wenig wie möglich anwächst, der Fahrspaß (der auf jeden Fall beeinträchtigt wird) nur so wenig wie möglich leidet und die Belästigung anderer Verkehrsteilnehmer (die unvermeidbar größer wird), sich nur so wenig wie möglich erhöht. Das scheint den Schweden mit einem ausgefeilten Reglement gelungen zu sein, das bei uns beispielsweise von den motorradbegeisterten Rotariern angewandt wird, und das natürlich, wie alle diese Reglements, nur funktioniert, wenn man sich wirklich in allen Punkten an sie hält. Die Hauptregeln sind dabei:

1. Die Nummer 1, der Anführer der Gruppe, und der Schlussmann, der – zum Beispiel durch eine gelbe Weste – auffällig kenntlich gemacht sein muss, bleiben während der gesamten Fahrt an erster bzw. letzter Position.

2. An allen Entscheidungspunkten – das sind alle Kreuzungen, Kreisel, Gabelungen, Abzweigungen, Einmündungen usw., an denen auch nur der geringste Zweifel über den weiteren Streckenverlauf aufkommen könnte – winkt Nummer 1 den Fahrer, der als nächster hinter ihm folgt, als Einweiser heraus.

3. Dieser hält an und stellt sich gut sichtbar auf, um die Nachfolgenden in den neuen Streckenabschnitt einzuwinken.

4. Erst wenn der Schlussmann auftaucht, reiht er sich unmittelbar vor diesem wieder in die Gruppe ein.

Der Vorzug des Verfahrens liegt darin, dass sich nicht dieser hohe Gruppendruck „um Himmels Willen nicht abreißen!" aufbaut und selbst bei der Annäherung an eine grüne Ampel noch Gelassenheit herrscht. Keiner braucht zu befürchten, dass er verlorengeht; er muss nur weiter zufahren und kann sich darauf verlassen, dass am nächsten Entscheidungspunkt ein Teilnehmer steht und auf ihn wartet. Auch LKWs und langsamere fremde Fahrzeuge stellen kein so großes Problem mehr dar, sie werden notfalls von den Teilnehmern einzeln nach und nach überholt, wie es der Gegenverkehr gerade zulässt, denn keiner hat mehr Angst, dass er und die ihm Nachfolgenden vom vorausfahrenden Teil der Gruppe abgetrennt werden.

Es ist ja sogar erwünscht, dass sich durch solche Behinderungen der lange Bandwurm schon bald in kleinere Gruppenabschnitte aufteilt, und umsichtige Veranstalter legen sogar schon bei der Abfahrt Zäsuren fest, um so von vornherein Teilgruppen zu bilden. Oberstes Gebot für jede Teilgruppe – gleichgültig, ob zufällig entstanden oder schon bei der Abfahrt so eingeteilt – bleibt dabei, dass, wenn mehrere Teilgruppen hintereinander herfahren, keinesfalls aufgeschlossen wird, auch wenn die Vorausfahrer noch so sehr trödeln (vgl.a. „Die 10 Regeln für das Fahren in der Gruppe", Pkt. 1). Damit bleiben genügend große Lücken erhalten für gruppenfremde Überholer und zum Aufschlucken der unkontrollierbaren Pufferbewegungen.

Wie man von Freunden solcher Ausfahrten hört, sei noch nie ein Teilnehmer verlorengegangen. Im Gegenteil, gelegentlich fange man sich dank besonders energischer Einweiser sogar noch ein paar zusätzliche Motorradfahrer ein, aber spätestens beim Abendessen ...

Was aber in der Praxis immer wieder einmal auf der Strecke bleibt, sind ausreichende Lücken zwischen den Teilgruppen. Das liegt nicht an diesem gut ausgedachten Verfahren, sondern an arglosen Teilnehmern, die wahrscheinlich nicht strikt genug in die Fahrregeln, vor allem in das strikte *Aufschließverbot*, eingewiesen worden sind.

Merke: Nichts zieht einen Motorradfahrer mehr an, als das Rücklicht eines Motorrads in der Ferne.

gelesen am:	

*Vorschlag für den Lesepfad: weiter mit Schlüsselthema **L**enkimpuls*

K

Kraftschluss herrscht, wenn zwischen zwei Körpern – hier zwischen Reifen und Fahrbahn – eine (haftende *oder auch gleitende*) Verbindung besteht, über die Kräfte übertragen werden (vgl. *Haftreibung*⌐).

Kreisbahn, Trainingsmöglichkeit für die sog. *Stationäre Kurvenfahrt*⌐ mit verschiedenen Schräglagen, vor allem auch zum Abbau der *Schräglagenscheu*⌐. Die Kreisbahn wird durch Pylone, die außen zu umfahren sind, abgesteckt; der Durchmesser sollte nach Möglichkeit nicht unter ca. 30 Metern liegen.
TIPP: Geeignete Trainingsgelände finden sich am ehesten an den Wochenenden auf Firmenparkplätzen. Zur Markierung eignen sich halbierte alte Tennisbälle. Grundregel: weit vorausschauen (s. Schlüsselthema Blickführung, S.31.).

Kurvenausgangsgeschwindigkeit. Vor allem im Rennsport wird auf eine hohe Kurvenausgangsgeschwindigkeit Wert gelegt. Aber auch im alltäglichen Fahren führt eine höhere Kurvenausgangsgeschwindigkeit auf Kosten der Geschwindigkeit beim Kurvenbeginn zu einer flüssigen und vor allem sichereren Fahrweise.
TIPP: Die Grundregeln für jede Kurve, die zügig durchfahren werden soll, lauten „lang außen bleiben!", „spät einlenken!", „Scheitelpunkt zum Kurvenausgang hin verschieben!", wobei eine höhere Kurvenausgangsgeschwindigkeit gar nicht das Ziel zu sein braucht (s.a. Schlüsselthema Kurventechnik, insbes. S.73).

Kurvenbremsung ist eine Bremsung unter dem Einfluss von *Querbeschleunigung*⌐. Kurvenbremsungen sind heikel, weil zu den beim Bremsen entstehenden *Längskräften*⌐ gleichzeitig noch *Seitenkräfte*⌐ durch die Kurvenfahrt dazukommen, aber eine Überbremsung, insbesondere vorne, unbedingt vermieden werden muss. Wie dem *Kammschen Kreis*⌐ zu entnehmen ist, stehen bei voller Ausnutzung der *Seitenführungskräfte*⌐ keinerlei Umfangskräfte mehr zur Verfügung. Mit Verringerung der Schräglage wachsen die zum Bremsen verfügbaren Kräfte aber sehr schnell an, sodass z.B. bei einer 50-prozentigen Ausnutzung der Seitenführungskräfte bereits 85 Prozent der maximal möglichen Umfangskräfte zum Bremsen verfügbar sind. (Ohnehin empfiehlt es sich nicht, außerhalb der Rennstrecke Seitenführungskräfte in Anspruch zu nehmen, die wesentlich über 60 Prozent hinausgehen; das entspricht auf trockener Fahrbahn einer Schräglage von mehr als 30 Grad.)
Für eine Kurvenbremsung gelten folgende Grundregeln: 1. Weich einsetzen und gleichmäßig, nicht ruckhaft bremsen. 2. Immer beide Bremsen verwenden. 3. Dabei die Bremskraft bei der Vorderradbremse zugunsten der Hinterradbremse zurücknehmen (Schlagwort „Statt 70 zu 30 in der Kurve 50 zu 50"), da ein in der Kurve überbremstes Vorderrad augenblicklich weggeht, ein überbremstes Hinterrad unter günstigen Bedingungen aber noch einzufangen ist. 4. Bremsdruck mit dem Aufrichten des Motorrads zügig steigern, vor allem vorne. Denn sofort mit einsetzender Bremswirkung vermindert sich die Schräglage, und es kann rasch beträchtlich stärker gebremst und dabei die Bremskraftverteilung wieder zugunsten der Vorderradbremse verändert werden.
TIPP: Obwohl der Fahrer die prozentuale Ausnutzung der Bremse und das Verhältnis der Bremskraftverteilung zwischen vorne und hinten nur äußerst ungenau abschätzen kann, lassen sich doch aus den Zahlen die genannten Grundregeln ableiten. Werden diese erst im Ernstfall einer überraschend erforderlich gewordenen Kurvenbremsung angewandt, so ist der Fahrer rasch überfordert, sodass sich vorheriges Üben unter vermindertem Bremseinsatz, z.B. auf einem leeren Parkplatz, empfiehlt.

Kurvenendpunkt (auch Kurvenausgangspunkt) wird der Punkt genannt, in dem die Kurvenfahrt beendet ist und in eine Gerade übergeht. Dieser Übergang verläuft in der Regel fließender als der Übergang beim *Einlenkpunkt*⌐. (Vergleiche dazu beim Schlüsselthema Kurventechnik „Spät einlenken, Scheitelpunkt spät!", S.79ff.)

Kurvenfahrt, stationäre, s. *Stationäre Kurvenfahrt*⌐

Kurvenscheitel s. unter *Scheitelpunkt*⌐

Kurventechnik (Schlüsselthema) s. Kasten

Schlüsselthema **Kurventechnik:**

Das Salz in der Suppe

„**D**ie Kurven sind das Salz in der Suppe", pflegte H. W. Bönsch zu sagen *(Näheres über den unvergessenen „Motorrad-Papst" im Vorwort „Die obere Hälfte des Motorrads", S.16f.).* Das Salz in der Suppe sind die Kurven einmal, weil sich die geheimnisvolle Physik des fahrenden Motorrads, bei der alles so wundervoll ineinanderpasst, am ehesten erspüren und erahnen lässt, wenn sich das Motorrad in einer langen Kurve dahinbewegt. Aber dann natürlich auch, weil eine Kurve erst dann zum „fehlerlosen Kunstwerk" wird, wenn wir als Fahrer – ohne unbedingt um die Geheimnisse so ganz genau zu wissen – unseren Teil dazu beitragen. Das ist nicht leicht. Aber wenn es gelingt, und wenn sich das dann immer öfter in neuen und immer wieder anderen Kurven fehlerfrei wiederholen lässt, dann erfüllt das den passionierten Motorradfahrer mit Glücksgefühlen.

Jedoch, nirgends in der ganzen Motorradfahrerei werden mehr Fehler gemacht als beim Kurvenfahren! Wobei man, wie sich noch zeigen wird, diese Fehler, auch wenn sie vielleicht nur klein sind, nicht auf die leichte Schulter nehmen sollte! Man kommt am raschesten zur nötigen Routine, wenn man sich klar macht, dass es sich beim Kurvenfahren, genau betrachtet, um zwei Aufgaben handelt, und um sehr unterschiedliche noch dazu, die bewältigt werden müssen:

Erstens einmal muss der Fahrer – salopp, aber sicherlich nicht unzutreffend formuliert – *wissen, was er will.* Und zwar sollte er sogar ziemlich genau wissen, was er will; oder etwas näher am Problem formuliert: er muss eine präzise Vorstellung von der *Linie* haben, die zu fahren ist, er muss sie vor sich sehen; oder noch spezieller ausge-

**Kein Bewegungskomplex
ohne einen
Bewegungsentwurf**

drückt: *Er braucht als Erstes einen exakten Bewegungsentwurf* (dazu gleich mehr).

Zweitens muss er diesen Bewegungsentwurf umsetzen, ihn also genau treffen, ihn so realisieren, wie er ihn konzipiert hat.

Alle Fehler, die man beim Kurvenfahren machen kann, stecken – irgendwo – in diesen beiden Schritten, und so mancher, der vorher in jeder ernsthaften Kurve nur Murks gemacht hat, erlebt plötzlich seinen Durchbruch, nachdem ihm klar geworden ist, dass es sich um zwei ganz getrennte Vorgänge handelt.

Als Erstes kommt also der richtige *Bewegungsentwurf*. Denn es gibt überhaupt keinen Bewegungskomplex, der ohne einen unmittelbar vorangehenden Bewegungsentwurf abliefe. Gewöhnlich merken wir kaum etwas davon. Erst bei schwierigen Bewegungsabläufen, vor allem, wenn uns diese noch nicht vertraut sind, treten sie ins Bewusstsein, zum Beispiel beim Einüben eines schnellen Laufs auf dem Klavier. Das ist am deutlichsten erkennbar, wenn der Bewegungsablauf verbessert, also in irgendeiner Weise verändert werden soll. Und genau das ist ja der Fall, wenn wir beim *Motorradtraining alle Tage* das Kurvenfahren verbessern wollen. Zwar ist ein Bewegungsentwurf freilich schon vorher vorhanden, aber er ist nicht nur nicht bewusst, sondern er ist in den meisten Fällen auch viel zu vage, er stimmt „so ungefähr" und er fällt mal so und mal so aus. Er muss also zunächst bewusst gemacht werden, damit er verbessert und vor allem präzisiert werden kann. Später dann, wenn er sitzt und genügend detailliert ist, ist es durchaus erwünscht, dass er wieder absinkt und zur selbstverständlichen Handlungsvorschrift wird, die dann nicht mehr *bewusstseinspflichtig*⌀ ist. *(Ausführlicheres über den Bewegungsentwurf in „Die obere Hälfte des Motorrads", S. 73f.u. 89f. [2.4])*

Grundregeln für die Ideallinie

Der Bewegungsentwurf, soll er richtig sein, sollte sich an der vielbeschworenen *Ideallinie*⌀ orientieren. Die Grundregeln sind ganz einfach:

1. Große Radien wählen, also möglichst weite Bögen fahren.

2. Aber: Etwas verzögert einlenken, wodurch sich der Scheitelpunkt⌀ *zum Kurvenausgang hin verschiebt.*

Die Abbildungen 27 bis 29 zeigen das im Einzelnen: Auf dem größtmöglichen Bogen (Abbildung 27, blaue Linie) entstehen die geringsten *Seitenkräfte*⌀. Das heißt, dass auf ihm die höchste Kurvengeschwindigkeit möglich ist; oder – für uns hier viel wichtiger! –, dass auf ihm die größten Sicherheitsreserven zur Verfügung stehen. Das sind Reserven bei der Schräglage und vor allem Reserven bei der Ausnutzung der Reifenhaftung, was einem besonders bei erschwerten Bedingungen zugute kommt wie bei Regen oder bei einem plötzlichen Ausweichen- und Bremsenmüssen.

Lenkt man aber auch nur einen Augenblick zu früh ein (Abbildung 28, rote Linie, Einlenkpunkt E' statt E) – und wir neigen alle eher zum frühen als zum späten Einlenken! –, dann wird es in der zweiten Hälfte der Kurve eng – vielleicht sogar zu eng. Deshalb diese zweite Grundregel mit dem etwas verzögerten Einlenken (E"), wie in Abbildung 29 gezeigt. Man schafft sich damit eine zusätzliche Reserve, einmal, weil man, sollte man sich mit dem Tempo vertan haben, noch ein schönes Stück Bremsweg dazubekommt (es ist unglaublich, wieviel Geschwindigkeitsüberschuss man in den paar zusätzlichen Metern noch abbauen kann!), vor allem aber, weil sich

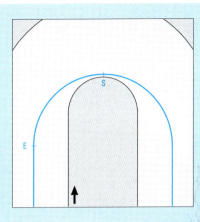

Abbildung 27: So sähe die klassische Ideallinie aus: Der größtmögliche Radius führt zum größtmöglichen Bogen. Sie bringt aber Risiken im Kurvenausgang. (E = Einlenkpunkt, S = Scheitelpunkt)

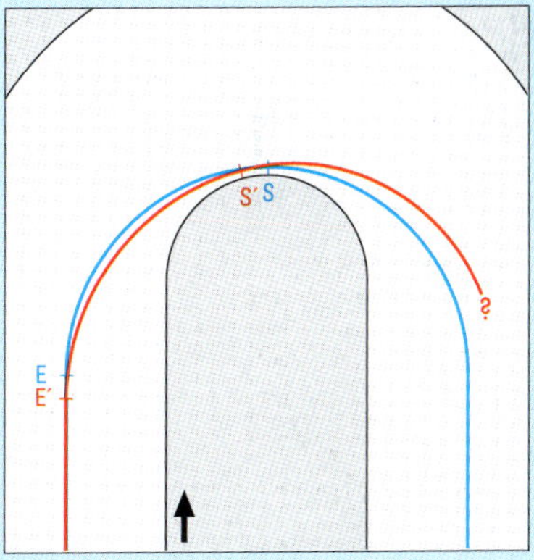

Abbildung 28: Bereits ein nur geringfügig zu frühes Einlenken (bei E' statt bei E) kann sich im Kurvenausgang rächen.

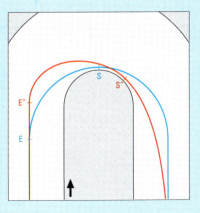

Abbildung 29: Verzögertes Einlenken (bei E") geht zwar auf Kosten des größtmöglichen Bogens im ersten Teil der Kurve, schafft aber enorme Reserven im zweiten Teil und im Kurvenausgang.

damit die Situation in der zweiten Kurvenhälfte von vornherein entspannt und man am Kurvenausgang Reserven ohne Ende hat. Immer wenn es eng wird in einer Kurve und einem „die Straße auszugehen" droht, dann passiert das erst auf das Kurvenende zu. Dem bauen wir von nun an vor, weil wir jetzt ganz bewusst immer eine Reserve dafür mitbringen, die wir bei Nichtgebrauch für ein frühes Herausbeschleunigen aus der Kurve verwenden. Im gleichen Maße, in dem die Seitenkräfte dann abnehmen und die Schräglage geringer wird, fügen wir dann Längskräfte hinzu, geben also weich Gas. Das führt zu flüssigen Linien und einem zügigen Fahren.

So einfach diese beiden Grundregeln, so kompliziert wird die Geschichte, wenn man sich um die Feinheiten bemüht, vor allem, wenn es um das sportliche Fahren geht. Aber damit brauchen wir uns hier nicht zu belasten. Es genügt, wenn wir uns einschärfen, dass der große Radius, das heißt: der weite Bogen, und vor allem das späte Einlenken zu den „Lebensversicherungen" des Motorradfahrers gehören. *(Ausführlich dargestellt wird die Ideallinie in „Die obere Hälfte des Motorrads" in einem speziellen Kasten „Die Ideallinie – der messerscharfe Grat zwischen Sicherheit und Krampf", S.74ff. mit einer Ergänzung zur sogenannten Renn- oder Kampflinie, S.86ff.[2.4].)*

Weit ausholen

Die erste der beiden Regeln, *möglichst große Radien zu wählen, also möglichst weite Bögen zu fahren,* bedeutet, die volle Breite der verfügbaren Fahrbahn auszunutzen, und das heißt als Erstes, die Kurve ganz von außen anzufahren. Das ist „weit ausholen".

Das hört sich so leicht an. Und es ist auch leicht! Trotzdem, im Alltag sind es die wenigsten Fahrer, die sich an diese Grundregel halten. Sie fahren die Kurve nicht

Das falsche Anfahren der Kurven steckt enorm tief drin und ist mit ein paar guten Vorsätzen nicht zu beheben

wirklich von außen an, sondern deuten das Ausholen nur ein wenig an wie in Abbildung 30. Die Abbildung 31 mit dem richtigen Anfahren der Kurve lässt dank der Vogelperspektive erkennen, dass beim weiten Ausholen nicht nur ein größerer Radius entsteht, sondern dass der Fahrer auch früher und weiter in den neuen Streckenabschnitt hineinblicken kann – auf engen Alpenstraßen besonders wichtig!

Natürlich wird man beim weiten Linksausholen vor einer Rechtskurve auf Gegenverkehr achten und nicht die Entgegenkommer durch hartes Heranfahren an die Mittellinie erschrecken – die verstehen das nicht! Und ebenso wird man beim Rechts-

Abbildung 30: Die herkömmliche Art, eine Kurve anzufahren: Es wird zwar etwas ausgeholt, jedoch nicht die volle Breite der verfübaren Fahrbahn ausgenutzt. Eine solche Linie wäre nur bei einem leichten Knick und mäßiger Geschwindigkeit gerechtfertigt.

Abbildung 31 Und hier das perfekte Anfahren einer Kurve mit weitem Ausholen bis zur Mittellinie.

ausholen für eine Linkskurve auf einer verwahrlosten Landstraße nicht bis in die Schmutzzone nahe dem Außenrand fahren.

Das nachlässige Anfahren der Kurven steckt enorm tief drin und ist mit ein paar guten Vorsätzen nicht zu beheben. Das geht vielleicht zwei oder drei Kurven gut, und

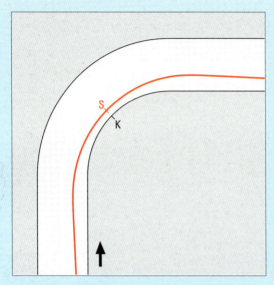

Abbildung 32: Durchfahren einer Kurve unter schlechter Ausnutzung der verfügbaren Fahrbahnbreite

schon – da genügt die kleinste Ablenkung! – ist der Rückfall in die alte, eingefleischte Verhaltensweise wieder da. Die richtige Linie beim Anfahren der Kurve muss zur absoluten Gewohnheit werden, sonst verzichtet der Fahrer immer wieder freiwillig auf ein Sicherheitspolster, das er plötzlich einmal brauchen könnte – er erhöht also sein Risiko.

Die verschenkten Reserven sind größer als man auf den ersten Blick glaubt! Betrachten wir die Rechtskurve in Abbildung 32. Das sei ein Stück Landstraße mit acht Metern Breite, bei dem also der für die Kurve verfügbare Fahrstreifen vier Meter breit ist.

Der Motorradfahrer, dessen Linie wir betrachten, ist durchaus geübt, und so fährt er die Kurve nicht etwa innen an, was bei einem moderaten Tempo durchaus noch ginge, sondern er holt ganz automatisch, also ohne dass er daran denken müsste, ein Stück nach links aus, über die Mitte des rechten Fahrstreifens hinaus. Der Automatismus zum Ausholen ist also da, nur das *Handlungsprogramm*↗ ist noch nicht streng genug. Im hier abgebildeten Fall bleiben noch anderthalb Meter ungenutzt.

Ein Fahrer dieses mittleren Kalibers wird dann am *Kurvenscheitel*↗ (K) wahrscheinlich auch nicht besonders nah an den Fahrbahnrand heranfahren, sondern auch dort einiges verschenken – sagen wir einen Meter, vielleicht auch mehr. Was das bedeutet, ist in Abbildung 33 angedeutet: Das Sträßlein, das dieser Fahrer für sich nutzt, ist *nur noch ganze anderthalb Meter breit*, ohne dass ihm das bewusst würde! Entsprechend ist sein Kurvenradius im Vergleich zu dem mühelos herausholbaren Kurvenradius, wie er beim Fahren der blauen Linie in Abbildung 34 zustande gekommen ist, um einiges kleiner (in unserem Beispiel mit der acht Meter breiten Straße wären das nur 19 statt ca. 23,5 Meter). Nehmen wir an, dass die höchstmögliche Schräglage bei 45 Grad liegt, dann würde „Blau" die abgebildete Kurve rechnerisch noch mit einer Geschwindigkeit von 55 km/h durchfahren können, „Rot" dagegen nur mit 48 km/h. Oder weniger auf Tempo, sondern mehr in Richtung Sicherheit formuliert: Wenn „Blau" ebenfalls nur mit 48 km/h fahren würde, dann wäre bei ihm im Ge-

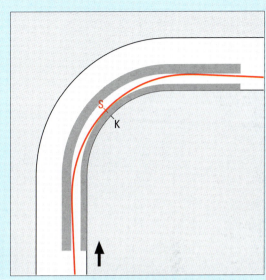

Abbildung 33: Das unzurechende Ausholen am Kurveneingang und der „Respektabstand" am Scheitelpunkt führen dazu, dass hier nur noch ein Drittel (!) der verfügbaren Fahrbahnbreite ausgenutzt wird.

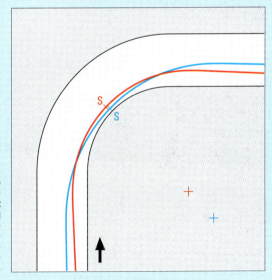

Abbildung 34: Durchfahren der gleichen Kurve mit dem nahezu größmöglichen Radius und damit weitgehender Ausnutzung der verfügbaren Fahrbahnbreite (blau). Die Einstechpunkte (+) lassen die verschieden großen Kurvenradien erkennen.

gensatz zu „Rot" dank seiner besseren Linie nur eine Schräglage von 39 Grad statt 45 Grad erforderlich! Die rote Linie erfordert also bei gleicher Geschwindigkeit eine deutlich größere Schräglage. Aber gerade die Fahrer, die eine solche Linie bevorzugen, sind es auch, die gewöhnlich in größeren Schräglagen nicht besonders geübt

sind. *(Siehe dazu in „Die obere Hälfte des Motorrads" den Kasten „Wer schräglagenscheu fährt, lebt gefährlich", S. 145ff. [4.2].)*

Es lohnt sich also durchaus, sich bei den Kurven mit der richtigen Linie, vor allem
mit dem richtigen Anfahren der Kurven ganz von außen zu beschäftigen. In früheren
Jahren stand dem in Deutschland ein sehr streng gehandhabtes Rechtsfahrgebot entgegen und so wurde beispielsweise schon bei der Fahrprüfung häufig verlangt, dass
der Prüfling in Kurven mit verhältnismäßig geringem Abstand mehr oder weniger *parallel* zum rechten Straßenrand fuhr. Seitdem das gelockert wurde, ist zweifellos mehr
Sicherheit eingezogen, weil bei gleicher Geschwindigkeit mit deutlich geringerer
Schräglage gefahren werden kann – das sollte man nutzen! (Vgl. dazu auch die Regenlinie, S. 130!)

Das weite Ausholen ist also nicht nur eine Sache für den passionierten Sportfahrer, sondern es geht den Tourenfahrer ebenso an. Der Automatismus ist ja durchaus
schon angelegt, das ersehen wir daraus, dass wir – mindestens bei den ausgeprägte-
ren Kurven – unwillkürlich ein wenig ausholen, aber in aller Regel eben nicht weit
genug, und so nicht konsequent die verfügbare Fahrbahnbreite ausnutzen. Das soll
im Folgenden trainiert werden. **Trainingsziel** ist die Automatisierung des richtigen
Anfahrens der Kurven.

15

**Übung 1 zur Kurventechnik: Das richtige
Anfahren einer Kurve**

Bei einer längeren Ausfahrt soll außerorts jede
einigermaßen deutliche Kurve in betonter Weise
ganz von außen angefahren werden. Danach jeweils in einer Fahrpause ankreuzen:

Nach mehrmaliger richtiger Durchführung
nicht mehr daran gedacht und den Handlungsvorsatz bis zur ersten Fahrpause vergessen. ☐

Ablauf wie oben, vor engeren Kurven ist der
Handlungsvorsatz jedoch wieder bewusst geworden, ging aber immer wieder einmal für
kürzere oder längere Zeit verloren. ☐

Der Handlungsvorsatz trat nur noch bei größeren Ablenkungen in den Hintergrund, stell-
te sich aber spätestens bei genügend ausgeprägten Kurven wieder ein und ging nur
noch selten verloren. ☐

Fast ausnahmslos richtiges Anfahren der
Kurven, nur noch vereinzelt Aussetzer. Es
bedarf kaum mehr einer Trainingsabsicht,
immer verlässlicher stellt sich der Handlungsvorsatz bereits bei Annäherung an eine
Kurve von selbst ein. ☐

> Vereinzelt setzt die richtige Handlung bereits ein, bevor der Handlungsvorsatz bewusst wird. ☐
>
> Das Trainingsziel ist erreicht, wenn jede Kurve ohne ichbewusstes Zutun von außen angefahren wird und der Handlungsvorsatz nur noch gelegentlich bewusst wird. ☐

Beachten:

- Auch wenn das Anfahren der Kurven ganz von außen schließlich fast regelmäßig klappt, ist damit zu rechnen, dass es am nächsten Tag zu einem gewissen Rückfall kommt. Es empfiehlt sich dann, einfach in der geschilderten Weise weiter zu üben. Das **Trainingsziel** – das nicht bewusstseinpflichtige richtige Anfahren der Kurve – wird dann rasch wieder erreicht. Entsprechendes gilt auch nach der Winterpause.

Das Einlenken etwas verzögern

Soweit das richtige *Anfahren* der Kurve. Noch während man mit der Übung 1 beschäftigt ist, kann man ohne Nachteil die folgende Übung 2, das verzögerte Einlenken, – und dann bald schon Übung 3 – mit anhängen, die Übungen vertragen sich miteinander. Bei einem betonten Von-außen-Anfahren einer Kurve fällt es nämlich den meisten leicht, das Einlenken etwas zu verzögern, wie in Abbildung 29 dargestellt, leichter jedenfalls als bei einem Anfahren weiter von innen. Deshalb kann man schon bald, nachdem das Anfahren ganz von außen klappt – wenn auch anfangs noch mit bewusster Zuwendung – das verzögerte Einlenken mit dazunehmen. **Trainingsziel** ist es, ein Gefühl für die richtige Verzögerung des Einlenkens bei den verschiedenartigen Kurven zu bekommen.

16

> **Übung 2 zur Kurventechnik:**
> **Das späte Einlenken**
>
> Mit nur gering verzögertem Einlenken beginnen, dann allmählich immer später einlenken:
>
> 1. In die von außen angefahrenen Kurven nur andeutungsweise spät eingelenkt ☐
>
> 2. Sodann etwas deutlicher spät eingelenkt ☐
>
> 3. Schließlich betont spät eingelenkt ☐

Diese Reihe mit der zunehmenden Verzögerung des Einlenkens mehrmals wiederholen:

☐ ☐ ☐ ☐ ☐ ☐ ☐

Beachten:
* Je später man einlenkt, desto weiter verschiebt sich der *Scheitelpunkt*↗ in Richtung Kurvenausgang. Dem sollte man keinesfalls entgegenarbeiten und einen verfrühten Scheitelpunkt anstreben, das würde den glatten Fluss der Linie verderben. Der nach hinten verschobene Scheitelpunkt ist ja durchaus erwünscht (vgl. Abbildung 29).

Daraus ergibt sich die dritte Übung, die man bald schon mit den beiden vorangegangenen, sobald diese anfangen zu klappen, verbinden kann. **Trainingsziel** ist bei ihr, sich nicht nur an den verschobenen Scheitelpunkt zu gewöhnen – das geht rasch, denn er verschafft einem ja nur Vorteile –, sondern ihn auch wirklich nah genug an den Fahrbahnrand zu legen.

17

**Übung 3 zur Kurventechnik:
Der späte Scheitelpunkt**

Den Scheitelpunkt, so wie er sich aus dem verzögerten Einlenken ergibt, akzeptieren und ihn nah genug an den Fahrbahnrand legen, danach – je nach Tempo – Fahrlinie wieder ausschwingen lassen.

Mehrmals flüssige Linie mit genügend spätem Scheitelpunkt gelungen ☐

☐

☐

☐

☐

Beachten:
* Auch bei geringeren Geschwindigkeiten sollte man nach dem Scheitelpunkt keinesfalls unbedingt innen bleiben wollen, sondern, vor allem bei genügend übersichtlichen Kurven, die Linie etwas öffnen, das heißt den Radius vergrößern, also den Bogen etwas weiter werden lassen. Während weites Ausholen vor jeder ernst-

haften Kurve eine zwingende Forderung ist – es geht um das Anlegen einer Sicherheitsreserve! –, ist dieses Ausschwingen am Kurvenende nicht so streng zu sehen und ganz geschwindigkeitsabhängig. Je geringer die verbleibende Reserve, ein desto weiteres Ausschwingen ist erforderlich. Dieses „Aufmachen" kann man sich bei einem späten Scheitelpunkt ohne weiteres leisten. Das ist ja gerade einer der Vorzüge des späten Scheitelpunkts, dass man plötzlich sehr viel Platz hat, also früh schon wieder beschleunigen kann.

Die alte Fuhrmannsregel „ab Scheitelpunkt wieder Gas" (oder gar „am Scheitelpunkt Gas auf!") ist da ein bisschen zu pauschal. Sie gilt nur unter der Bedingung, dass vom Scheitelpunkt an die Linie etwas „aufgemacht" wird. Andernfalls zehrt man – mehr oder weniger unbemerkt – seine Gripreserve auf, verkleinert also sein Sicherheitspolster. Fahre ich aber ohnehin schon nahe an der Haftgrenze – vielleicht bei schlechten Bedingungen sogar ohne das zu wissen –, dann wird die blinde Befolgung dieser viel zu groben Regel höchst gefährlich. Richtig müsste es heißen: Im gleichen Maß, in dem ich die Kurvenlinie „aufmache" (das bedeutet: die Seitenkräfte *verringere*) – egal ob das am Scheitelpunkt oder schon früher (Abbildung 29!) oder erst gegen Kurvenende geschieht –, kann ich – behutsam! – wieder Gas geben, das heißt Längskräfte *hinzufügen*. Hier das richtige Zusammenspiel zu finden, ist nicht einfach und erfordert einiges Training – je näher sich das Ganze an der Haftgrenze abspielt, desto mehr. (Dieses Zusammenspiel beschreibt der *Kammsche Kreis*⟋, Seite 58.) *(Ausführlich dargestellt wird er in „Die obere Hälfte des Motorrads", S. 129 ff. [3.7,Kasten]; siehe dort dazu auch den durchgezogenen Slide, S. 128.)*

Das Fahren „nur so ungefähr" und das präzise Fahren

Wenn es eingangs hieß, dass man einen möglichst genauen *Bewegungsentwurf*⟋ haben muss, dann ist das erst, wie man so sagt, die halbe Miete. Ein noch so genauer Bewegungsentwurf nützt nichts, wenn der Fahrer nicht in der Lage ist, ihn zu verwirklichen. Das heißt, dass er nicht nur eine genaue Vorstellung braucht, sondern dass er auch genau danach fahren können muss.

Das genaue Fahren ist nicht sehr verbreitet im Straßenverkehr, am deutlichsten zu beobachten bei den Autofahrern, aber eben nicht nur bei diesen. Das ist kein Wunder, denn, um von A nach B zu gelangen, genügt es, wenn man sich links einigermaßen nach der Leitlinie in der Fahrbahnmitte richtet und rechts tunlichst nicht über die Fahrbahnbegrenzung hinausgerät. Da wird dann schon einmal links eine durchgezogene Mittellinie, die sogenannte Fahrstreifenbegrenzung, angeschnitten – nicht einmal unbedingt aus der Not einer falsch eingeschätzten Kurve heraus, sondern weil sich daraus vielleicht eine kleine Abkürzung ergibt und man einen etwas weiteren Bogen fahren kann; oder es wird gar quer über eine ganze Sperrfläche gedonnert (Sie wissen: Das sind diese aufgemalten schraffierten Verkehrsinseln), alles ohne böse Absicht, nur weil es bequemer ist. Und weil das so ist und weil eine solche Fahrweise gewöhnlich ohne schlimme Folgen funktioniert, ist man stets bei diesem ungenauen Fahren geblieben, hat sich diese schlampige Fahrweise immer mehr angewöhnt und nie das präzise Fahren trainiert. Jetzt wird es aber gebraucht.

Wer am Scheitelpunkt einer Rechtskurve bei sich immer wieder einen zu großen „Respektabstand" zum Fahrbahnrand beobachtet, sollte das als Signal verstehen, dass er noch nicht genügend präzise fährt. Er tut ja im Augenblick automatisch etwas gar nicht so Unvernünftiges: Er hält einen gewissen Sicherheitsabstand ein, weil er noch nicht genügend genau weiß, wo die geplante Linie dann tatsächlich liegen wird. Darum kann das präzise Fahren in ungefährlichen Situationen – und zwar zunächst sogar auf gerader Strecke – gar nicht genug trainiert werden, wo immer es geht. Auch der routiniertere Fahrer tut gut daran, sich mit den folgenden Übungen immer wieder zu vergewissern, ob er noch voll auf der Höhe ist. Das kann ganz spielerisch und nebenher geschehen, denn auch dieses Training geschieht wiederum ganz beiläufig auf Alltagsfahrten – *Training along the way*.

Dazu wird jede Bodenmarke, die sich bietet – markierte Fußgängerüberwege, Flecken im Straßenbelag oder diese kleinen gusseisernen Wartungsdeckel der Wasserversorgung, unter denen sich die Hausschieber befinden – als Zielmarke verwendet. Man fängt an mit den Zebrastreifen der Fußgängerüberwege und versucht, zwischen zwei solchen weißen Balken hindurchzufahren, ohne einen der beiden zu berühren. So zu fahren, sollte man sich ohnehin zur generellen Angewohnheit machen, denn der Grip der weißen Flächen ist vor allem bei Nässe ausgesprochen schlecht. Das kann bei einem heftigen Manöver, das ja immer einmal plötzlich erforderlich werden kann, entscheidend sein. Insofern ist die folgende Übung doppelt nützlich. **Trainingsziel** bei ihr ist, eine geplante Linie möglichst genau zu verwirklichen.

18

Begleitübungen zur Kurventechnik:
Das präzise Fahren

1. Zwischen zwei Balken eines Fußgängerüberwegs (Zebrastreifen) hindurchfahren:

gelingt meistens ☐

gelingt auch, wenn der Zebrastreifen leicht schräg angefahren wird ☐

gelingt auch in oder am Ende einer Kurve (z. B. nach dem Abbiegen) ☐

gelingt nahezu immer ☐

> **2.** Kleine handtellergroße Bodenmarken
> (Flecken im Straßenbelag, kleine Wartungs-
> deckel) mittig überfahren
>
> gelingt nur ab und zu ☐
>
> gelingt meistens ☐
>
> gelingt nahezu immer ☐
>
> gelingt auch in leichten Kurven mit etwas
> Schräglage ☐

Beachten:

- Verfallen Sie nicht in den Fehler, die Zielmarke anzustarren, bis sie unter dem Vorderbau verschwindet! Das führt zu einer sich aufschaukelnden Überkoordination. Sobald man sich eine Zielmarke ausgewählt hat, blickt man über sie hinweg. Näheres dazu steht unter dem Schlüsselthema *Blickführung* (Seite 31), „weit vorausschauen", wo auch vom aufschlussreichen Bierdeckelversuch (Seite 31f.) die Rede ist: Ein Bierdeckel, als Zielmarke auf die Fahrbahn gelegt, wird viel leichter getroffen, wenn man über ihn hinwegblickt.

- Nur ein Beobachter könnte zuverlässig sagen, ob man eine kleine Zielmarke wirklich getroffen hat. Darauf aber kommt es gar nicht an. Es geht um das selbstkritische Üben, und es zeigte sich in vielen Versuchen, dass die Fahrer mit ihren Vermutungen (voll getroffen – knapp getroffen – daneben) gar nicht so schlecht liegen. Im übrigen kann man sich bei der Selbstkontrolle und der richtigen Beurteilung unterstützen lassen von den kleinen Unebenheiten, die häufig mit einer solchen Zielmarke verbunden sind und die man genau spürt, zum Beispiel einen etwas tiefer liegenden oder einen leicht herausstehenden Wartungsdeckel.

- Es dauert verhältnismäßig lange, bis man im ersten Teil der Übung (Zebrastreifen) guten Gewissens auch das dritte Kästchen „nahezu immer") ankreuzen kann. Anstatt die Geduld zu verlieren, können Sie durchaus schon den zweiten Teil der Übung mit dazunehmen, der das gleiche Lernziel verfolgt.

Bewährte Vorsätze

Nun noch ein paar Vorsätze, darunter einige, die es einem spürbar leichter machen, die richtige Linie, so wie man sie im Kopf hat, auch umzusetzen.
(Über den Einsatz von Vorsätzen mit dem „Memo Labeling" siehe das Schlüsselthema *Vorsätze* auf Seite 142)

Kurve ganz von außen anfahren!

Weit ausholen!

Lange außen bleiben!

Spät einlenken!

Scheitelpunkt spät!

Ran an den kurven-inneren Streckenrand!

Kurvenausgangs-geschwindigkeit!

Frühzeitig Gas!

Die ersten sechs der abgebildeten Vorsätze, die sich als Haftetiketten bei den Übungskarten befinden, brauchen nicht mehr näher erläutert zu werden, es sind nach dem Vorausgegangenen alte Bekannte. Aber ein paar Ergänzungen könnten von Nutzen sein.

Die Etiketten, die sich berühren, stehen miteinander in engem Zusammenhang. Sie sagen entweder das Gleiche mit verschiedenen Worten (wie „Kurve ganz von außen anfahren!" und „Weit ausholen!"), oder sie bedingen einander (wie „Scheitelpunkt spät!", was sich von selbst ergibt, wenn man den Vorsatz „Spät einlenken!" befolgt). Aus diesen aneinanderhängenden Vorsätzen kann man sich dann denjenigen heraus-suchen, von dem man den Eindruck hat, dass er die Handlung am besten beschreibt – da gibt es zwischen den einzelnen Fahrern doch bemerkenswerte Unterschiede! Na-türlich kann man auch zwei Vorsätze für den gleichen Zusammenhang auswählen. Beispielsweise gibt es immer wieder Fahrer, die sich den Vorsatz „Spät einlenken!" auswählen und auch schön befolgen, dann aber (z.B. bei weiten 180-Grad-Kehren) trotzdem krampfhaft versuchen, den Scheitelpunkt möglichst früh zu legen. Das kommt daher, dass der Befehl „Ran an den kurveninneren Streckenrand!", der ja meint „möglichst n a h ran!", sich unter dem Druck der Ausführung verändert in

„schleunigst ran". Das ist dann ein Fall für ein weiteres Etikett in der gleichen Sache, nämlich „Scheitelpunkt spät!"

Trotzdem, man sollte sich hüten, allzu viele Vorsätze gleichzeitig einzusetzen. Zwei, höchstens drei Aufkleber, alles was darüber ist, schafft erfahrungsgemäß nur Verwirrung. Im übrigen ist es auch bei vielen verbalen Vorsätzen förderlich, wenn man sie während oder unmittelbar vor der Befolgung halblaut vor sich hinspricht.

Schließlich noch zu den beiden Vorsätzen „Kurvenausgangsgeschwindigkeit!" (gemeint ist „Vergiss nicht, auf die Kurvenausgangsgeschwindigkeit zu achten!") und „Frühzeitig Gas!". Da könnte man glauben, dass diese Vorsätze nur für den passionierten Sportfahrer von Bedeutung seien, sie können aber auch dem Tourenfahrer etwas sagen: Wann immer man Schwierigkeiten mit einer rechtzeitigen Erhöhung der Kurvenausgangsgeschwindigkeit hat (und seien es auch nur Bedenken), kann man sicher sein, dass mit der Linie im Sinne der vorangegangenen Vorsätze etwas nicht in Ordnung war.

Jedenfalls sollte man sich von der weitverbreiteten Regel „Ab Scheitelpunkt wieder beschleunigen" verabschieden (vgl. Seite 81). Das kann schief gehen. Es kann aber umgekehrt auch sein, dass man bei einem genügend späten Einlenken sogar schon vor dem Scheitelpunkt wieder beschleunigen kann, weil man die Kurve bereits wieder ein wenig hat „aufmachen" können (vgl. dazu die Abbildung 29). –

Jetzt aber kommen noch ein paar Vorsätze dazu, von denen bisher noch nicht die Rede war.

Gas anlegen!

Mit „Gas anlegen" ist folgendes gemeint: Beim Anfahren einer Kurve nimmt man in aller Regel das Gas vollständig weg, was durch Schließen des Drehgriffs bis an den Anschlag geschieht. Wird dann in der Kurve wieder Vortrieb benötigt, so muss man mit der Drehbewegung erst das mehr oder weniger große Spiel im Gaszug durchlaufen, bevor sich etwas tut. So klein diese Bewegung ist, so heikel ist sie aber auch. Denn es geht ja in der Kurve nicht um ein Aufreißen des Gases, sondern um einen ganz geringen Leistungseinsatz, und das erfordert ein äußerst feinfühliges Bewegen des Drehgriffs. Außerdem muss der Leistungseinsatz ohne die geringste Verzögerung punktgenau erfolgen (darüber Näheres noch im nächsten Abschnitt „Mit Gas stützen!"), und das verlangt eine schnelle Bewegung der Gashand. Deshalb ist eine gewisse Zuwendung und Konzentration auf den Vorgang erforderlich (der trotzdem schwierig bleibt), die man besser vermeidet mit dem einfachen Trick, das Gas schon vorher *anzulegen*:

Beim Anfahren einer Kurve wird nach dem Wegnehmen des Gases der Drehgriff sofort wieder um ein Geringes geöffnet und zwar so weit, bis das Spiel im Gaszug weg ist, den „Druckpunkt" spürt man genau. Das sollte man sich (eben mit Hilfe dieses Haftetiketts) zur absoluten Gewohnheit machen, dann entsteht ein Automatismus, der von allein, ohne jedes Nachdenken abläuft und der dann in das Repertoire der nicht *bewusstseinspflichtigen*↗ Handlungen gehört. Es gibt eine ganze Anzahl von hervorragenden Fahrern, für die das so selbstverständlich automatisch abläuft, dass sie es, wenn man sie danach fragt, selbst schon nicht mehr wissen („Keine Ahnung! Muss ich erst mal ausprobieren.").

> **Mit Gas stützen!**

Zum feinfühligen Fahren gehört auch, dass man die Technik beherrscht, *mit Gas zu stützen*. Eine Voraussetzung dafür ist, dass man das *Gas anlegen* schon einigermaßen eingeübt hat.

Was *mit Gas gestützt* wird, ist die Schräglage, beispielsweise weil sie nach dem Einleiten einer Kurve nicht mehr weiter zunehmen soll; oder weil sie verringert werden oder am Kurvenausgang ganz auf null gebracht werden muss (was sich beides freilich auch allein mit der Lenkung erreichen lässt). *Stützgas* kann aber auch deshalb erforderlich sein, weil in einer längeren Kurve (zum Beispiel in einer weiten 180-Grad-Kehre) der Zustand der sogenannten *stationären Kurvenfahrt*↗ aufrecht erhalten werden soll. Das ist der Zustand, in dem sich alle einwirkenden und entstehenden Kräfte in Balance befinden. Nun würde sich aber bei geschlossenem Gas die Geschwindigkeit rasch verringern, zumal der Rollwiderstand in Schräglage beträchtlich anwächst, womit es auf der Stelle Schluss wäre mit dieser vielfältigen Balance der Kräfte. Deshalb muss behutsam Vortrieb hinzugefügt werden, und das geht nur mit fein dosiertem *Stützgas*.

Abbildung 35: Für feinfühliges Fahren: Ballen auf die Fußrasten!

Einfluss auf die Schräglage wird natürlich in erster Linie über die Lenkung genommen. (Dazu steht einiges im Schlüsselthema *Lenkimpuls*, insbesondere Seite 112ff.). Bei geübten oder gar routinierten Fahrern werden jedoch Lenkbewegung und Gas gleichzeitig in einem ständigen Zusammenspiel eingesetzt, fast immer ohne bewusste Zuwendung des Fahrers. Je enger und langsamer eine Kurve, eine desto größere Rolle spielt der richtige Gaseinsatz, damit es zu einem flüssigen Verlauf ohne Unebenmäßigkeiten und Ecken kommt. Der Extremfall ist dann die mehr oder weniger enge 180-Grad-Kehre im Gebirge, bei der eine besondere Technik angewandt werden kann, die auf dem Stützgas beruht, die im Schlüsselthema *Alpenpraxis* erläutert wird (Seite 24).

Abbildung 36: Die bequemere Position: Der Absatz stößt an der Fußraste an, der Vorfuß mit dem Ballen ragt weit über die Fußraste hinaus.

Nun noch ein paar Hinweise zur richtigen Körperhaltung beim Kurvenfahren.

Vorderrad-orientiert fahren!

Vorderrad-orientiert fahren, das heißt nicht nur, sich in das Vorderrad „hineindenken", zu fühlen, was es gerade tut und welchen Kräften es ausgesetzt ist *(näheres in „Die obere Hälfte des Motorrads", S. 160f. [4.6])*, sondern heißt auch körperlich: Gewicht aufs Vorderrad, was mehr Last auf den Lenker bedeutet.

Ellenbogen leicht anwinkeln!

Damit man die Ellenbogen etwas anwinkeln kann, darf man nicht zu weit hinten sitzen und muss den Oberkörper etwas nach vorne neigen. Damit ist schon einmal die Grundvoraussetzung für ein sensibles Kurvenfahren geschaffen, denn mit durchgedrückten Armen ist kein feinfühliges Fahren möglich.

Ballen auf die Fußrasten!

Entsprechendes – wenn auch vielleicht nicht ganz so ausgeprägt wie bei den Armen – gilt für die Beine: Zum feinfühligen Fahren gehören die Ballen auf die Fußrasten (Abbildung 35 und 36. Da muss man sich nur einmal ein paar Rennfotos ansehen. Ich gebe zu, dass auf langen Fahrten ein allzu spitzer Kniewinkel ganz schön lästig, manchmal sogar schmerzhaft werden kann, wenn man das nicht immer wieder trainiert hat. Irgendwann auf einer längeren Tour ist man froh, wenn man die Füße weiter nach vorn setzen kann, so dass die Absätze an den Fußrasten anstoßen. Das ist mit Abstand die am häufigsten zu beobachtende Position der Füße, es ist die Position des Tourenfahrers. Aber immer dann, wenn es auf feinfühliges Fahren ankommt, wenn also ein fahrerisch besonders reizvoller Streckenabschnitt unter die Räder genommen werden soll und man diesen auch auskosten möchte, sollte man die Füße umsetzen. *(Ausführlicher dazu: „Die obere Hälfte des Motorrads", S. 200 [5.3])*

Viel unmittelbarer auf das Kurvenfahren beziehen sich die beiden folgenden Vorsätze.

Kopf aus der Schräglage!

Über die Notwendigkeit und den Nutzen, weit vorauszublicken, ist ausführlich zu lesen beim Schlüsselthema *Blickführung* (Seite 31, insbesondere Seite 33ff.). Das weite Vorausschauen gelingt aber in Kurven, wo es ja besonders wichtig ist, desto schlechter, je mehr Schräglage man fährt und je weiter der Oberkörper nach vorn geneigt ist, es sei denn – man nimmt den Kopf aus der Schräglage (Abbildung 37). Aber auch der Tourenfahrer mit weniger extremen Schräglagen und aufrechter Sitzposition tut sich leichter und strengt seine Nackenmuskulatur nicht so an, wenn er sich an diese einfache Regel hält, die man sich im Übrigen rasch antrainiert hat.

Abbildung 37: Kopf aus der Schräglage – nur so ist in der Kurve ein weites Vorausschauen möglich.

Der nächste Vorsatz „Die kurveninnere Hand drückt, die kurvenäußere ist nur locker aufgelegt!"

> **Die kurveninnere Hand drückt, die kurvenäußere ist nur locker aufgelegt!**

beschreibt ein Fahrerverhalten, das nahezu unsichtbar bleibt, aber beim Kurvenfahren eine wichtige Rolle spielt. Um den Vorgang zu verstehen, muss man wissen, dass jedes Motorrad in der Kurve eine erhebliche Tendenz zeigt, nach innen einzulenken. Damit das nicht geschieht, muss der Fahrer eine entgegengerichtete Kraft in den Lenker einleiten, mit der er zugleich die Kurvenfahrt reguliert: Ist diese Kraft etwas zu groß, so vergrößert er dadurch seine Schräglage; ist sie etwas zu gering, dann vermindert er die Schräglage; ist sie genau richtig, kompensiert sie also genau die Einlenktendenz des Motorrads, dann bleibt es bei der *stationären Kurvenfahrt*⌐ (siehe oben, Seite 86). Um diese Kraft einzuleiten, hat der Fahrer mehrere Möglichkeiten: Er kann das kurveninnere Lenkerende nach vorne *drücken* oder er kann das kurvenäußere Lenkerende zu sich herziehen – in beiden Fällen freilich nur so wenig, dass sich dabei der Lenker nicht sichtbar bewegt. *(Ausführlicheres über diese unsichtbaren Lenkerbewegungen in „Die obere Hälfte des Motorrads", S. 54f. [1.8], Kasten „Der bewegungslose Lenker".)*

Oder aber – und das ist die dritte Möglichkeit der Einleitung einer kompensierenden Kraft – der Fahrer teilt diese Kraft auf die beiden Lenkerenden auf: Entweder er drückt innen und zieht gleichzeitig außen, in irgend einem „Mischungsverhältnis" – das ist der weitaus häufigste Fall; oder er drückt an *beiden* Lenkerenden gleichzeitig, und zwar verschieden stark, rechte und linke Hand arbeiten also gegeneinander, wobei die Differenz zwischen rechts und links das erforderliche Lenkmoment ergibt. (Schließlich kommt noch – hier aber ganz am Rande und nur der Vollständigkeit halber erwähnt – im ausgesprochenen Hochgeschwindigkeitsbereich das *Ziehen* an beiden Lenkerenden vor.)

Aber gleichgültig, welche dieser Möglichkeiten wir bevorzugen, diese Kräfte, vor allem die Kompensation der Einlenktendenz, sind uns – obwohl teilweise ganz erheblich – so selbstverständlich geworden (genauer: wir sind *sensumotorisch*⌐ an sie derart adaptiert), dass wir sie überhaupt nicht mehr bemerken. Deshalb lässt sich die Frage, welche der drei Möglichkeiten ein Fahrer bevorzugt, nicht durch Befragen des Fahrers oder durch Selbstbefragung beantworten, sondern verlässlich nur durch Messung im Fahrversuch.

Jedenfalls sollte die Kombination aus Drücken und Ziehen und erst recht das erwähnte beidseitige (aber verschieden starke) Drücken vermieden werden, auch wenn beides beim Alltagsfahrer gang und gäbe ist. Gerade das Gegeneinanderarbeiten der Hände beim beidseitigen Drücken führt dazu, dass an beiden Lenkerenden im Verhältnis zur nutzbaren Differenz viel zu große Kräfte eingeleitet werden. Das ist vermeidbare statische Haltearbeit, die zum Verlust der Feinfühligkeit, zu erhöhter Ermüdung und zur Verkrampfung führt.

Beim ersten Üben sollten Sie anfangs Ihr Augenmerk auf die kurvenäußere Hand richten und nur schauen, dass diese locker aufgelegt ist. Was die kurveninnere Hand zu tun hat, ergibt sich ganz von selbst. Kommen Sie dann in einen kurvenreichen Streckenabschnitt oder gar in ein regelrechtes Kurvengeschlängel mit dicht aufeinander folgenden Kurven, dann spüren Sie plötzlich, wie wohltuend es sein kann, wenn man die eine Hand (und freilich auch den dazugehörigen Arm), die Sekunden vorher noch im vollen Einsatz war, ganz entspannen kann, und das in ständigem Wechsel von rechts und links. Nicht so sehr die muskuläre Belastung schafft die Probleme auf langen Touren, sondern die fehlende Lockerung und Entspannung.

Selbstverständlich wird unter erschwerten Bedingungen – wie hohe Fahrtwindbelastung oder hohe vertikale Beschleunigungsspitzen durch unebene Fahrbahn – auch die kurvenäußere Hand etwas fester zufassen, das ist selbstverständlich, aber wenn die Priorität der kurveninneren Hand erst einmal sitzt (und auch weiterhin gepflegt wird), dann wird automatisch die „führende" Hand beim Kurvenfahren die kurveninnere sein.

Innenknie vor!

Noch ein zweites Mal taucht diese Unterscheidung „Innen-" und „Außen-" auf, nämlich beim Knie, obwohl dieses doch, im Gegensatz zur Hand, mit dem Kurvenfahren wenig zu tun zu haben scheint.

Probiert man das aber im Einlauf zu einer mittleren Kurve einmal aus und bewegt dazu das kurveninnere Knie im Kurveneingang ungefähr um zwei, drei Daumenbreiten nach vorn-unten, dann spürt man oft schon beim ersten Versuch, dass sich da etwas Grundlegendes geändert hat. „Ich habe ein neues Motorrad!", jubelte einmal ein ambitionierter Wiedereinsteiger, nachdem er das zum ersten Mal versucht hatte. Dabei hatte er, indem er das Innenknie nach vorne-unten verschob, nichts weiter getan, als auf seiner Sitzbank etwas nach innen zu rutschen und außer dem Innenknie auch automatisch die Innenhüfte und die Innenschulter nach vorne zu drehen. Dadurch hatte er seinen Schwerpunkt ein wenig nach innen verlegt und vor allem: Er hatte damit aufgehört, das Motorrad in der Kurve ständig zu *„drücken"* ↗. (*„Innenknie vor!"* einschließlich Hanging off ausführlicher in *„Die obere Hälfte des Motorrads"*, S. 203f. [5.3])

Die besonderen Fälle

Für den Beginner scheinen alle Regeln auf den Kopf gestellt, wenn er hinter einem herfährt, der es wirklich kann, und der Ausflug nach vielen ganz normalen Kurven dann übergeht in ein regelrechtes Kurvengeschlängel, in Kurven nämlich, die dicht aufeinander folgen, so dicht, dass sie sich gegenseitig beeinflussen und die ganzen Regeln nun scheinbar über den Haufen geworfen werden. Das sind die Kurven, von denen die Auguren sagen, dass sie „sich beißen".

Da kann es dann durchaus vorkommen, dass es besser ist, eine Kurve eben nicht von außen anzufahren oder den Scheitelpunkt ganz ans Ende einer Kurve zu legen und so gut wie überhaupt nicht auszuschwingen, sondern an der Kurveninnenseite zu bleiben. Das ist nirgends deutlicher zu beobachten als in der Rennerei, aber auch für den Alltag kann man daraus lernen.

Die scheinbare Aufhebung der Regeln rührt einfach daher, dass es in einer solchen Kurvenfolge nicht nur um die gerade zu durchfahrende Kurve geht, sondern dass zum Beispiel bereits die folgende Kurve berücksichtigt werden muss, oder dass die vorangegangene noch Auswirkungen zeigt. Das kann dann etwa so aussehen, wie in Abbildung

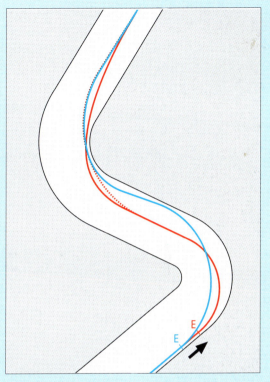

Abbildung 38: Ein Beispiel für zwei Kurven, die sich gegenseitig beeinflussen

38 dargestellt. Diese Linkskurve würde man, stünde sie für sich allein, selbstverständlich so fahren, wie es der blauen Linie entspricht. So aber macht sich die zweite Kurve, die Rechtskurve, schon vor Beginn der ersten bemerkbar, wie die rote Linie zeigt: Es muss bereits der Einlenkpunkt (E) der Linkskurve weiter hinausgeschoben werden, damit man „hinterstechen↗", nämlich im Kurvenausgang der Linkskurve *links* bleiben kann. Lange vor dem Ende der Linkskurve setzt sich also schon die folgende Rechtskurve durch. Was sie fordert, ist nichts anderes als die Befolgung einer Regel, die wir längst kennen: „Kurve ganz von außen anfahren"; das war ja die erste Grundregel von Seite 74ff. Und es empfiehlt sich, dann auch die zweite Grundregel zu beachten „lange außen bleiben, spät einlenken!", denn die sicherste Linie ist noch nicht die rot punktierte (auf dem größtmöglichen Bogen), sondern erst die rot durchgezogene, mit der man sich die Reserve für den folgenden Kurvenausgang schafft – alles längst geläufig. Die Regeln sind also doch nicht aufgehoben.

Trotzdem sollte aber das Durchfahren einer dichten Kurvenfolge hier noch einmal unter den „besonderen Fällen" erläutert werden, denn es ist immer wieder zu beobachten, dass Fahrer, die die Grundregeln bei Einzelkurven schon ordentlich anwenden, bei Kurvenfolgen dazu neigen, sich irgendwie durchzuschlängeln. Was schiefgehen kann.

Die empfohlene Linie (rot) ist so ziemlich das Gegenstück zur sogenannten *Kampf- oder Rennlinie*⌀. Während es uns hier vor allem auf moderate Quer- und Längsbeschleunigung ankommt und dafür der Weg ruhig ein wenig länger sein darf, spielt bei der Renn- oder Kampflinie die möglichst kurze Wegstrecke eine wichtige Rolle. Die Renn- oder Kampflinie vermeidet also eher ein weites Ausholen vor der Kurve und ein weites Ausschwingenlassen. Das bedeutet aber, dass wegen der viel „spitzer" angefahrenen Kurven und den dadurch entstehenden engeren Bögen viel stärker mit Bremsen und Beschleunigen gearbeitet werden muss. Die Rennlinie bringt überhaupt nur etwas, wenn eine ausreichende Beschleunigungsreserve zur Verfügung steht. Und wenn sie wirklich schneller sein soll als die Ideallinie, setzt sie eine wesentlich höhere Fahrfertigkeit voraus, ist anstrengender und beansprucht das Material mehr. *(Näheres in „Die obere Hälfte des Motorrads", Kasten „Rennlinie und Kampflinie", S. 86f. [2.4].)*

Im Übrigen lohnt es sich immer, eine ohnehin schon enge Kurve noch etwas langsamer anzulegen, wenn man dafür eine etwas weitere zügiger durchfahren kann.

Das anschauliche Zauberwort bei solchen dichten Kurvenfolgen ist das obengenannte *„hinterstechen*⌀*", es* ist das genaue Gegenteil von Ausschwingen lassen. *(Weiteres dazu: „Die obere Hälfte des Motorrads", Kasten „Ideallinie", S.74ff., insbesondere S. 79f. [2.4])*

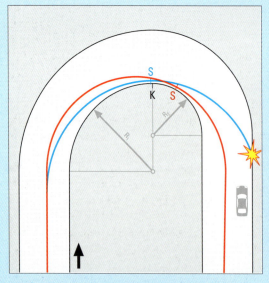

Abbildung 39: Die heimtückische Hundekurve: Sie zieht sich im zweiten Teil zu, was der Fahrer erst bemerkt, nachdem er bereits volle Schräglage erreicht hat.

Auch die berüchtigte *Hundekurve*⌀ gehört zu den „besonderen Fällen", obwohl auch da die bewährten Regeln helfen, wenn man sie nur konsequent genug anwendet. Hundekurven sind Kurven, die sich zuziehen, Kurven also, die enger werden. In Abbildung 39 ist eine solche Kurve, deren Radius sich verringert, dargestellt. Die Straßenbauer versuchen, sie zu vermeiden oder vorhandene zu entschärfen, man kann in einer unbekannten Gegend aber nie sicher sein, nicht doch einer überraschend zu begegnen. Und plötzlich ist sie da. Das ist deshalb so tückisch, weil man in dem selben Augenblick, in dem man erkennt, dass da eine Hunde-kurve kommt, bereits in die Falle hineingelaufen ist und nicht mehr viel ändern, son-dern nur noch Notmaßnahmen ergreifen kann; auf diese Notmaßnahmen kommen wir gleich noch. Man sieht plötzlich, dass man für den folgenden Teil der Kurve zu schnell ist, kann aber nicht mehr ernsthaft bremsen, weil man bereits mit großer Schräglage fährt. Das ist in Abbildung 39 die Situation des Fahrers mit der blauen Linie. Er fährt die Kurve ordentlich von außen an und bewegt sich dann, so wollen wir annehmen, recht flott und ziemlich nah am Grenzbereich – mindestens seinem persönlichen Grenzbereich – auf den *Kurvenscheitel* (K) zu, in dessen Nähe er auch seinen *Schei-telpunkt* (S) legt. Erst kurz vor dem Kurvenscheitel (K) erkennt er, dass sich die Kur-ve zuzieht. Da er keine Sicherheitsreserven mehr hat, verbleiben ihm jetzt fast keine Freiheiten mehr. Der Fahrer mit der roten Linie – ebenso ahnungslos, was den Kur-venverlauf anbetrifft – fährt die Kurve ganz ähnlich an, beherzigt aber außerdem noch die zweite Grundregel, das etwas hinausgezögerte Einlenken, und schafft sich so ein kleines Sicherheitspolster. Er wird dank eines etwas besseren Einblicks in den zwei-ten Teil der Kurve wahrscheinlich ein wenig früher bemerken, dass diese sich zuzieht, und selbst dann, wenn er daraufhin gar nichts zusätzlich unternimmt, kommt er in un-serem Beispiel – im Gegensatz zum Fahrer mit der blauen Linie – mit der Kurve ge-rade noch zurecht. Aber seine Sicherheitsreserven, die er sich durch spätes Einlen-ken verschafft hat, sind restlos aufgebraucht.

Was aber gibt es an Notmaßnahmen? An Maßnahmen, die fällig werden, wenn man in eine Situation gerät wie der Fahrer mit der blauen Linie? Notmaßnahmen – das heißt: Die Kurve ist ohnehin verpatzt, jetzt geht es nur noch darum, die Situation zu retten. Das hat ohne den geringsten Zeitverlust zu geschehen: Sobald man die Situation, die zu en-ge Hundekurve, erkannt hat, muss das Programm augenblicklich anlaufen. Man hat, wie wir gleich sehen werden, nicht die geringste Zeit zu überlegen, was jetzt wohl am güns-tigsten sei! Deshalb muss das Programm fix und fertig zum Abruf bereitstehen. Zum Glück lässt sich das Handlungsprogramm real einüben (siehe unten), und deshalb soll-te man sich die nicht real trainierbare Anfangsphase – das Erkennen der Situation mit dem Entschluss zum augenblicklichen Handeln – wenigstens mental immer wieder ein-mal vergegenwärtigen. Wobei man sich darüber im klaren sein sollte, dass es sich – er-schwerend! – um ein mehr oder weniger *schreckhaftes* Erkennen handeln wird. *(Nähe-res zu den Programmen, vor allem über diese fix und fertig zum Abruf bereitgestellten Handlungsprogramme, findet sich in „Die obere Hälfte des Motorrads", Kasten „Die handlungssteuernden Programme", S. 36ff. [1.5]; das mentale Training, die wiederhol-te intensive gedankliche Auseinandersetzung, S. 161ff. [4.6]; der Einfluss des Schrecks und seine Bekämpfung, S. 169ff. [4.7].)*

So sieht dann der Ablauf des Notmanövers im Einzelnen aus: Der Fahrer erkennt, wie gesagt, abhängig von der Übersichtlichkeit der Kurve, die Situation erst kurz vor dem Kurvenscheitel (K). Um einen Anhaltspunkt zu geben: In der Kurve von Abbil-

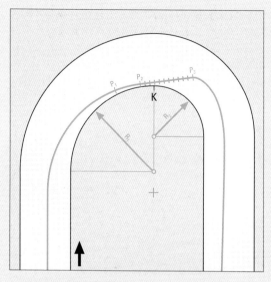

Abbildung 40: Das Notmanöver zur Bewältigung einer Hundekurve. Entscheidend ist das blitzschnelle Aufrichten (⊢––––⊣ = Bremsstrecke).

dung 40 wird das ungefähr im Bereich von P_1 sein, also erst wenige Meter vor dem Kurvenscheitel. Er wird augenblicklich mit einer heftigen Bewegung, wie bei einer Wechselkurve, sein Motorrad aufrichten und, während er sich auf einer Tangente weiterbewegt, sofort mit einem sehr harten Bremseinsatz zu verzögern beginnen (quergestrichelte Fahrlinie). Dazu hat er in unserem Beispiel der acht Meter breiten Fahrbahn immerhin bis zur Mittellinie noch etwa acht bis neun Meter zur Verfügung. Wichtig ist, dass er sich jetzt ausschließlich auf das Herunterbremsen konzentriert und nicht schon an den gleich folgenden Knick denkt! Erst nahe an der Mittellinie öffnet er die Bremsen und knickt gleichzeitig mit nun stark verminderter Geschwindigkeit in die gewünschte Fahrtrichtung ab.

Das heftige Aufrichten, von dem alles abhängt, funktioniert aber nur, wenn er den *betonten Lenkimpuls* beherrscht (siehe Lenkimpuls, S. 101, insbesondere Kurvenlenkimpuls in den Abbildungen 47 und 48, S. 114).

Beim Abknicken dagegen, am Ende der Bremsstrecke, ist er schon so langsam, dass er auch mit einem gewöhnlichen *Drücken*↗ (siehe Abbildung 46, Seite 111) zurecht kommt, es sei denn, es handelt sich um eine ganz schnelle Kurve, die auch da noch einen betonten Lenkimpuls erfordert.

Schauen wir uns dazu noch ein paar Rechenergebnisse[1] an, die noch einmal eindringlich deutlich machen, worauf es ankommt. Der Fahrer, der mit etwa 45 km/h schon im ersten Teil der Kurve nahe an der Grenze fährt und dadurch für den zweiten Teil der Kurve zu schnell ist, wird die Situation, so nahmen wir oben an, in der Gegend von P_1 erkannt haben. Wenn er gut ist, hat er etwa im Punkt P_2 sein Motorrad aufgerichtet und beginnt von da an zu verzögern. Bis ans Ende der Bremsstrecke bei P_3 kommt er auf 20 km/h (wenn er ein guter Bremser ist, könnte er sogar noch vor

---

[1] Sie basieren alle (wie schon die von Abbildung 34) auf einem Maßstab, der eine Straßenbreite von 8 Metern ergibt.

Erreichen der Mittellinie zum Stehen kommen). Damit lässt sich gefahrlos jeglicher Knick, wie er hier gebraucht werden könnte, fahren. Wenn er dagegen schreckgelähmt mit dem Aufrichten auch nur eine halbe Sekunde gezögert hat, weil er hoffte, dass es vielleicht doch noch irgendwie reicht, dann wird es schon verdammt knapp. Ebenso wenn er zu lahm aufrichtet oder nur zaghaft bremst und so statt mit 7 oder 8 m/s^2 vielleicht nur mit der Hälfte verzögert – das reicht einfach nicht!

Das Erfolgsrezept heißt also:

– Das Handlungsprogramm parat haben!
– Programm *augenblicklich* anlaufen lassen!
– energischer Bremseinsatz mit Konzentration ganz auf das Vorderrad!

Das Verfahren lässt sich übrigens auch mit Erfolg anwenden, wenn es sich gar nicht um eine Hundekurve handelt, sondern man mit zu hohem Tempo in eine normale Kurve hineingeraten ist, was man ja schon wesentlich früher als bei der heimtückischen Hundekurve bemerkt – wahrscheinlich schon vor Erreichen des Einlenkpunkts, wie in Abbildung 41 dargestellt. Auch hier kommt es freilich wieder auf den sofortigen energischen Bremseinsatz an (quergestrichelte Fahrlinie), und jeder Meter vor dem Einlenkpunkt, auf dem schon gebremst werden kann, bringt uns weiter auf die sichere Seite. Die ver-

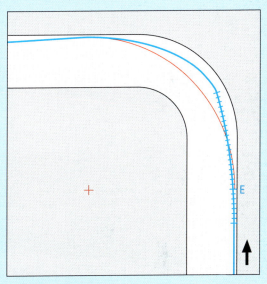

Abbildung 41: Bewältigung einer zu schnell angefahrenen Kurve, Notmanöver schon vor dem vorgesehenen Einlenkpunkt (E) eingeleitet (⊢−+−+−⊣ = Bremsstrecke).

fügbare Bremsstrecke ist beruhigend lang und darf sogar ein wenig gekrümmt verlaufen – das bringt noch einmal ein bisschen mehr Bremsweg! –, nur sollten eben deutliche Schräglagen vermieden werden.

Ist man aber beim Einleiten des Notmanövers schon über den Einlenkpunkt hinaus (wie in Abbildung 42) – und das bedeutet, dass man das Motorrad bereits in die Schräglage abgewinkelt hat – dann ist genau wie bei der Hundekurve zu verfahren: als Erstes aufrichten, und zwar blitzschnell, denn die verfügbare Bremsstrecke ist nun etwas knapper. Im übrigen aber sind bei der Bewältigung einer zu schnell angefahrenen Kurve – gleichgültig, ob die Notmaßnahmen schon vor dem Einlenkpunkt oder erst nach dem Abwinkeln in die Schräglage ergriffen werden – die Regeln die gleichen wie bei den Notmaßnahmen zur Hundekurve (siehe oben „Erfolgsrezept"), aber es ist hier alles nur halb so dramatisch. Deshalb sollte man erst einmal die Bewältigung einer zu schnell angefahrenen Kurve üben, bevor man sich die Übungen für die Hundekurve vornimmt (Seite 100).

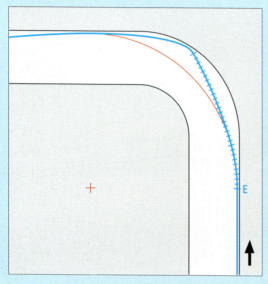

Abbildung 42: Bewältigung einer zu schnell angefahrenen Kurve, Notmanöver erst nach dem Einlenkpunkt eingeleitet (⊢+⊢+⊢⊣ = Bremsstrecke).

Große Könner übrigens – die sich allerdings nur selten im Tempo verschätzen und auch einer Hundekurve nicht so leicht auf den Leim gehen – können es sich leisten, kurzerhand eine *Kurvenbremsung*↗ einzuleiten. Eine Kurvenbremsung mit großer Schräglage ist aber heikel und wird, wenn es wirklich eng war, hart an der Grenze des Möglichen liegen müssen, so dass ihr Hauptvorteil vor allem darin besteht, dass mit ihr die Kurve nicht so offenkundig verpatzt wird, wie das durch die geschilderten Notmaßnahmen geschieht.

Deshalb sollten wir doch lieber die Notmanöver etwas einüben, mindestens sie einige Male ausprobieren. Sie sind hässlich, aber sicher.

Je besser wir die Notmanöver trainiert haben, desto größer die Wahrscheinlichkeit, dass wir sie im Ernstfall auch sofort einsetzen und nicht in den Kardinalfehler des Zögerns verfallen, der hier der schlimmste aller Fehler ist und zugleich der häufigste. Er besteht darin, dass man, halb schreckgelähmt, versucht, es doch noch „irgendwie" hinzukriegen, wobei man natürlich nur Zeit verliert und immer weiter nach außen gerät, bis man schließlich für die Notmaßnahmen keinen Platz und keine Zeit mehr hat. –

Üben wir zuerst die Bewältigung einer zu schnell angegangenen Kurve als Vorübung für die Bewältigung der Hundekurve. Dazu fahren wir die Kurve natürlich nicht tatsächlich zu schnell an, sondern in einem gut beherrschbaren Tempo und anfangs sogar mehr als zurückhaltend! Die Bremsstrecke versuchen wir in ihrer ganzen Länge auszunutzen. Damit wir aber bei dem geringen Tempo nicht lange vor dem vorgesehenen Knick zum Stehen kommen, markieren wir den heftigen Bremseinsatz nur kurz und bremsen danach nur noch behutsam weiter.

Trainingsziel ist der richtige Bewegungsentwurf und die richtige Abfolge der einzelnen Handlungen, wobei ein Handlungsprogramm etabliert werden soll, das im Ernstfall sofort startet und ohne nachzudenken ablaufen muss. Dabei gilt die besondere Aufmerksamkeit den einzelnen Phasen, die keinesfalls ineinanderfließen dürfen. Das ist bei der ersten Übung noch einfach, da geht es nur darum, dass die Bremse gelöst sein muss, wenn der Knick beginnt. Bei der zweiten Übung (Notmanöver erst *nach Beginn* der Kurve) kommt dann aber hinzu, dass erst noch aufgerichtet werden muss und der Bremseinsatz erst danach erfolgen darf, Aufrichten und Bremsen also streng voneinander getrennt bleiben müssen.

Zunächst aber die Übung 1, bei der das Notmanöver bereits vor Beginn der Kurve eingeleitet wird:

19

Übung 1 zur Bewältigung einer zu schnell angefahrenen Kurve (Beginn des Notmanövers bereits **vor** dem Einlenkpunkt – Abb. 41)

Eine übersichtliche und ausreichend enge Kurve mit 90 Grad oder mehr in gemäßigtem Tempo auf der üblichen Linie anfahren.

Kurz vor Erreichen des Einlenkpunkts: **(1.)** Das Notmanöver mit Selbst-Zuruf „**Achtung, zu schnell!**" starten. **(2.)** *Augenblicklich* die Lage der Bremsstrecke festlegen und **(3.)** sofortiger heftiger Bremseinsatz, wobei, um bei dem geringeren Übungstempo die ganze Bremsstrecke ausnutzen zu können, die Bremse sogleich wieder etwas zurückgenommen wird. Wenn dennoch die Geschwindigkeit schon vor Ende der vorgesehenen Bremsstrecke ausreichend reduziert ist, so trotzdem übungshalber weiterrollen lassen bis nahe an den Straßenrand bzw. die Mittellinie. Dort **(4.)** Knick möglichst eng ausführen.

Ablauf richtig und mit genügend heftigem Bremseinsatz durchgeführt, dabei noch große Reserven in der Bremsstrecke ☐

Bremsstrecke durch etwas schnelleres Anfahren der Kurve *allmählich* stärker ausgenutzt ☐

Bremsstrecke bis nahe an den Straßenrand bzw. die Mittellinie mit kontinuierlichem Bremsen ausgenutzt ☐

Die Übung 2, bei der wir davon ausgehen, dass die zu hohe Geschwindigkeit erst nach dem Einlenkpunkt erkannt worden ist (Abbildung 42), sieht fast genauso aus, nur dass eben noch das Aufrichten dazukommt. Wegen dieses Aufrichtens sollte sich der *Trainee*⊿ allerdings schon ausführlicher mit dem *betonten Lenkimpuls* (S.101) befasst haben und das blitzschnelle Aufrichten des Motorrads aus einer Kurve heraus beherrschen. Das wird im Schlüsselthema *Lenkimpuls*, besonders Seite 112ff., näher behandelt.

Ich würde deshalb Trainees, die das Schlüsselthema Lenkimpuls noch beiseite gelassen haben – die meisten Leser fangen mit dem Schlüsselthema *Kurventechnik* an, die Kurven sind eben doch das Salz in der Suppe! –, empfehlen, an dieser Stelle abzubrechen und sich erst den betonten Lenkimpuls vorzunehmen. Danach aber nicht vergessen, zu diesen letzten beiden Übungen im Schlüsselthema *Kurventechnik* zurückzukehren!

20

Übung 2 zur Bewältigung einer zu schnell angefahrenen Kurve (Beginn des Notmanövers erst **nach** dem Einlenkpunkt – Abb. 42)

Eine übersichtliche und ausreichend enge Kurve mit 90 Grad oder mehr in gemäßigtem Tempo auf der üblichen Linie anfahren.

Erst nach dem Einlenkpunkt: **(1.)** Das Notmanöver mit Selbst-Zuruf „**Achtung, zu schnell!**" starten. **(2.)** *Augenblicklich* mit heftigem Lenkimpuls das Motorrad aufrichten und die Lage der Bremsstrecke festlegen. **(3.)** Nach dem Aufrichten sofortiger heftiger Bremseinsatz, wobei, um bei dem geringeren Übungstempo die ganze Bremsstrecke ausnutzen zu können, die Bremse sogleich wieder etwas zurückgenommen wird. Wenn dennoch die Geschwindigkeit schon vor Ende der vorgesehenen Brems-strecke genügend reduziert ist, so trotzdem übungshalber weiterrollen lassen bis nahe an den Straßenrand bzw. die Mittellinie. Dort **(4.)** Knick möglichst eng ausführen.

Ablauf richtig und mit genügend heftigem Bremseinsatz durchgeführt, dabei noch große Reserven in der Bremsstrecke ☐

Bremsstrecke durch etwas schnelleres Anfahren der Kurve allmählich stärker ausgenutzt ☐

Bremsstrecke bis nahe an den Straßenrand bzw. die Mittellinie mit kontinuierlichem Bremsen ausgenutzt ☐

Beachten:

- Wichtig ist, dass man sich eine automatische Sperre antrainiert, die es nicht zulässt, dass man schon „in die Bremse haut", bevor das Aufrichten ganz beendet ist. Denn in die Bremse „hauen" soll man schon – der Bremsdruck muss steil ansteigen (siehe Schlüsselthema Bremsen, S. 40) –, aber das darf keinesfalls geschehen, solange man noch in Schräglage ist. Man sollte deshalb mental – erst entspannt liegend, dann auf dem stehenden Motorrad sitzend – die beiden Phasen Aufrichten und Bremsen in ihrer Abfolge *immer wieder durchspielen*. Je mehr man sich dabei unter zeitlichen Druck setzt, desto deutlicher spürt man, wie die Bremsphase in die vorausgehende Aufrichtphase hineinschlüpfen will und wie groß die Gefahr ist, dass beim Einleiten des Knicks noch gebremst wird. Das durch fortgesetzte Bewusstmachung zu verhindern, ist der Zweck dieser mentalen Übung.

- Man sollte nicht nur eine verkehrsarme Strecke, sondern unbedingt auch genügend übersichtliche Kurven für die beiden Übungen – und ebenso für die noch folgende Übung zur Hundekurve – auswählen, bei denen ein eventueller Gegenverkehr schon frühzeitig zu sehen ist. Zwar wird dieser bei richtiger Durchführung nicht im geringsten beeinträchtigt oder gar gefährdet, aber die Entgegenkommer könnten doch irritiert und abgelenkt werden. Ebenso wichtig ist die strikte Beobachtung des nachfolgenden Verkehrs über die Rückspiegel.

- Das allmähliche Steigern der Geschwindigkeit – d.h. das immer stärkere Ausnutzen der Bremsstrecke – gelingt am besten, wenn man das Notmanöver die ersten paar Male in der gleichen Kurve probiert, bis man mit dem grundsätzlichen Ablauf genügend vertraut ist. Erst dann nimmt man *„along the way"* Kurven, wie sie einem unterkommen, aber nur – siehe oben! –, wenn sie sich wirklich eignen!

- Schließlich sollte man den Ablauf – genügend langsam – auch in sehr engen Kurven probieren, was wegen der geringen Geschwindigkeit unerwartet leicht fällt und dadurch große Sicherheit vermittelt.

- Wenn man merkt, dass sich bei der Kurvenrichtung eine „Schokoladenseite" herausbildet, sollte man, wie immer in solchen Fällen, verstärkt die entgegengesetzte Kurvenrichtung üben, und zwar sofort. Die beliebte Ausrede bei allen „Schokoladenseiten", dass man erst einmal die bessere Seite beherrschen möchte, führt in die Irre.

Ich gebe gerne zu, dass das größte Hindernis, sich mit diesen Notmanövern vertraut zu machen, darin besteht, dass man sich grenzenlos blöd vorkommt, wenn man eine schöne Kurve, die man ohne weiteres flüssig hätte durchfahren können, mit einer solchen unebenmäßigen und hässlichen Linie wie ein Stümper verhunzt. Zu zweit fällt das schon ein wenig leichter, und auch zuschauende Fußgänger oder Autofahrer sind dann leichter zu ertragen.

21

Übung zur Bewältigung einer zu schnell angefahrenen Hundekurve

Eine genügend übersichtliche enge Kurve mit deutlich mehr als 90 Grad und gleichbleibendem Radius in gemäßigtem Tempo anfahren. Für die Übung also keine echte Hundekurve wählen!

In der Kurvenmitte, also etwa im Bereich des Kurvenscheitels, **(1.)** das Notmanöver mit dem Selbst-Zuruf „**Kurve macht zu!**" starten. **(2.)** *Augenblicklich* mit heftigem Lenkimpuls das Motorrad aufrichten und die Lage der Bremsstrecke festlegen. **(3.)** Nach dem Aufrichten sofortiger heftiger Bremseinsatz, wobei, um bei dem geringeren Übungstempo die ganze Bremsstrecke ausnutzen zu können, die Bremse sogleich wieder etwas zurückgenommen wird. Wenn dennoch die Geschwindigkeit schon vor Ende der vorgesehenen Bremsstrecke genügend reduziert ist, so trotzdem übungshalber weiterrollen lassen bis nahe an den Straßenrand bzw. die Mittellinie. Dort **(4.)** Knick möglichst eng ausführen.

Ablauf richtig und mit genügend heftigem Bremseinsatz durchgeführt, dabei noch große Reserven in der Bremsstrecke ☐

Bremsstrecke durch etwas schnelleres Anfahren der Kurve *allmählich* stärker ausgenutzt ☐

Bremsstrecke bis nahe an den Straßenrand bzw. die Mittellinie mit kontinuierlichem Bremsen ausgenutzt ☐

Beachten:

• Der Ablauf bei der Hundekurve ist also der gleiche wie der beim Notmanöver in einer zu schnell angefahrenen Normalkurve, lediglich das blitzschnelle Aufrichten des Motorrads kommt noch dazu. Insofern sind hier die gleichen Punkte zu beachten, wie sie auf Seite 99 im Anschluss an den Übungskasten für die Bewältigung einer zu schnell angefahrenen Kurve aufgeführt sind.

Zu den „besonderen Fällen" der Kurventechnik gehört schließlich noch das Kurvenfahren im Gebirge. Das bezieht sich vor allem auf einige Besonderheiten bei den 180-Grad-Kehren, wie sie vor allem im Hochgebirge vorkommen. Sie sind im Schlüsselthema Alpenpraxis, Seite 24f., dargestellt.

gelesen am:	

*Vorschlag für den Lesepfad: Weiter mit Schlüsselthema **B**lickführung*

L

Längsbeschleunigung entsteht bei der Änderung der Geschwindigkeit und hängt ab von der Stärke des Beschleunigens oder Verzögerns; multipliziert mit der Gesamtmasse von Fahrzeug und Fahrer ergeben sich daraus die *Längskräfte*↗, die am Gesamtschwerpunkt angreifen.

Längskräfte sind die Kräfte, die beim Bremsen und Beschleunigen entstehen und die das Rad in seiner *Längs*richtung in Form von *Umfangskräften*↗ am Reifen zu übertragen hat (vgl. *Seitenkräfte*↗).

Latsch s. *Aufstandsfläche*↗

Legen. Im Motorradfahrer-Jargon Ausdruck für das Herbeiführen der erforderlichen Schräglage im Kurveneingang; auch als Selbstbefehl bei *Schräglagenscheu*↗ („legen, legen, legen!"). *(Siehe dazu auch „D.ob.Hälfte d.M.", S.145ff. u. 208f.)*

Leistungsgewicht. Das Gewicht (korrekt: die Masse) eines Fahrzeugs (oder z.B. eines Motors) geteilt durch die Leistung ergibt das Leistungsgewicht (kg/PS, kN/kW). Es ist von entscheidender Bedeutung für die Beschleunigung.

Bei Motorrädern ist es bemerkenswert niedrig und erreicht bei modernen Sportmotorrädern (Supersportlern) Formel-1-Niveau *(s.a. „D. ob. Hälfte d. M.", S.34 [1.5])*.

Lenkerflattern *(wobble mode, auch shimmy)* ist eine spontane periodische Bewegung des Lenkers mit etwa 4 bis 8 Schwingungen pro Sekunde, die bei ca. 60 bis 80 km/h auftritt, aber wesentlich weicher als das (gefährliche) *Lenkerschlagen*↗ verläuft. (Vgl.a. *Pendeln*↗)

TIPP: Lenkerflattern lässt sich durch ein festes Fassen des Lenkers dämpfen. Grundsätzliche Abhilfe oder mindestens Besserung ist möglich durch sorgfältiges Auswuchten des Vorderrads, evtl. Wechseln des Reifens und Überprüfung der Verschraubungen im Vorderbau auf richtiges Drehmoment.

Lenkerschlagen *(kickback)* ist eine plötzlich einsetzende, schnelle periodische Bewegung des Lenkers, die gefährlich ist und im Extremfall von Anschlag zu Anschlag gehen kann. Lenkerschlagen tritt vor allem im höheren Geschwindigkeitsbereich bei entlastetem Vorderrad auf und wird ausgelöst durch ein schräges Wiederaufsetzen bzw. Wiederbelasten des Vorderrads. Lenkerschlagen ist somit besonders zu beobachten beim Beschleunigen, insbesondere bei noch vorhandenen Seitenkräften im Kurvenausgang, bevorzugt bergauf.

TIPP: Aktuell kann Abhilfe eventuell durch eine kurze kräftige Betätigung der Hinterradbremse erreicht werden, wodurch sich der Anpressdruck↗ *des Vorderrads vergrößert. Vorbeugend ist jedenfalls sogleich die Einstellung des Lenkungsdämpfers*↗ *zu erhöhen; nützlich kann es auch sein, vorne die Federvorspannung*↗ *und die Dämpfung der Druckstufe*↗ *zu vermindern und ein eventuell zu großes Spiel im Lenkkopflager zu beseitigen.*

Lenkimpuls (Schlüsselthema) s. Kasten

Schlüsselthema *Lenkimpuls:*

Die ‚paradoxe' Lenkbewegung

Es ist erstaunlich, wie viele wirklich erfahrene Motorradfahrer es gibt, die den betonten Lenkimpuls nicht beherrschen. Man braucht ihn zum blitzschnellen Ausweichen, aber nicht nur da. Vielleicht haben manche von ihnen, wenn sie einen guten Ausbilder hatten, früher einmal den Lenkimpuls übungshalber ganz bewusst (und damit als *betonten* Lenkimpuls) ausprobiert. Aber danach ist er nicht mehr gebraucht worden und so allmählich eingeschlafen, bis er schließlich überhaupt nicht mehr zur Verfügung stand.

L

Wie konnte das trotz jahrelanger Fahrpraxis geschehen? Nun, man kommt beim Motorradfahren auch ohne den betonten Lenkimpuls in den allermeisten Fällen gut zurecht, wenn man diesem Manko in seiner Fahrweise ein wenig Rechnung trägt. Denn ähnlich wie beim ganz kurzen Bremsweg ist es eine Seltenheit, dass man den Lenkimpuls wirklich einmal zwingend braucht. Dann allerdings sieht es böse aus, wenn man nicht über ihn verfügt.

Was versteht man unter *Lenkimpuls*? Dazu vorab ein paar Worte zur Fahrphysik. Wir müssen uns als Erstes von dem verbreiteten Vorurteil frei machen, dass das Einleiten einer Kurve – also das Herbeiführen der Schräglage – durch Gewichtsverlagerung des Fahrers geschähe. Das fühlt sich zwar so an, ist aber nicht so. *(Im Einzelnen siehe „Die obere Hälfte des Motorrads", S. 57 [1.8] mit Anm.16, S.224; ferner Kasten Fahrphysik 1, S. 46ff.)*

Die Schräglage wird vielmehr herbeigeführt durch einen Lenkausschlag *entgegen* der beabsichtigten Kurvenrichtung, weshalb er gelegentlich „paradoxer Lenkausschlag" genannt wird. Paradox ist er aber nur auf den ersten Blick. Es geht darum, durch eine Lenkbewegung die Aufstandslinie (das ist die Verbindungslinie zwischen den Aufstandflächen von Vorder- und Hinterrad), die bei Geradeausfahrt unter dem Schwerpunkt hindurch verläuft, *nach außen* zu verschieben, damit das Motorrad *nach innen* kippt. Das macht jeder so, der Motorrad fährt. Nun sind aber diese Lenkbewegungen derart klein, dass sie dem Fahrer im Normalfall nicht bewusst werden. *(Wen's interessiert, wie minimal die Lenkausschläge tatsächlich sind, der lese in „Die obere Hälfte des Motorrads" den Kasten „Der bewegungslose Lenker", S. 54f. [1.8].)*

Ja, der Fahrer braucht nicht einmal eine Lenkbewegung aktiv auszuführen, also einen (neuen) Impuls *hinzuzufügen*, sondern umgekehrt, es genügt bereits, dass er aus dem ständigen Strom der verschiedensten Störungen, die ununterbrochen auf das Motorrad einwirken, diejenigen unterdrückt, die der gewünschten Schräglage entgegengerichtet sind. Dazu reicht schon ein unmerklich festerer Druck auf das kurveninnere Lenkerende, der den Lenker noch gar nicht *bewegt*, sondern nur seine minimalen Eigenbewegungen einseitig ein wenig mehr dämpft. Genauer: Allein, dass man sich an einen *Kreisel* (das ist hier das Vorderrad) „anlehnt", also über den Lenker nur eine so geringe Kraft einleitet, dass es noch gar nicht zu einer Bewegung des Lenkers kommt, reicht bereits aus, um den Kreisel mit einer sanften *Präzessionsbewegung* antworten zu lassen: Das Motorrad geht in Schräglage und zwar nach der Seite, von der der Fahrer mit seinem Lenkimpuls weglenkt. *(Näheres siehe „Die obere Hälfte des Motorrads", S.59, 2.Abs. [1.8, Kasten].)* Aber, wie gesagt, von diesen minimalen Aktivitäten spürt der Fahrer nicht das Geringste.

So zu fahren führt zu wunderschön weich eingeleiteten (und ebenso weich beendeten) Kurven. Aber auch bei diesen weichen Kurven ist zum Einleiten und zum Beenden eine Lenkbewegung zur Beeinflussung der Schräglage nötig, selbst wenn diese Lenkbewegung nur in Gestalt der oben genannten Dämpfung auftritt. Was man jedoch in der Ausbildung üblicherweise *Lenkimpuls* nennt, das ist der *betonte*, der *deutlich aus-*

geführte Lenkimpuls für eine plötzliche Richtungsänderung. Man könnte auch sagen: der bewusst ausgeführte Lenkimpuls. Aber das wäre auch nicht ganz richtig, weil routinierte Fahrer selbst einen heftigen Lenkimpuls nicht bewusst und verstandesmäßig kontrolliert ausführen, sondern ihn dank eines *Automatismus*⤢ ohne bewusste Zuwendung setzen (weshalb man ihn als *nicht bewusstseinspflichtig*⤢ bezeichnet).

Wer sich erst überlegen muss – und sei es auch nur einen winzigen Augenblick lang –, auf welches Lenkerende der Lenkimpuls gesetzt werden muss, um eine bestimmte Ausweichbewegung einzuleiten, verfügt noch nicht wirklich über den Lenkimpuls, allemal nicht im Gefahrenfall. Tatsächlich muss man sich anfangs beim Trainieren des Lenkimpulses jedes Mal blitzschnell selbst befragen, „*welches* Lenker-

---

**Der Lenkimpuls
darf kein „Denkimpuls"
sein!**

---

ende war es doch gleich, das ich von mir wegstoßen soll?" oder „*welches* Lenkerende ist jetzt das kurveninnere?". Das geht ganz rasch – und dauert doch viel zu lange.

Sie tun sich wahrscheinlich leichter, wenn Sie sich beim Üben einfach vornehmen, so zu lenken, dass am Kurvenbeginn die Aufstandsfläche des Vorderrads *nach außen* befördert wird.

Die **Trainingsziele** bei den folgenden fünf Übungen lauten:
– den betonten Lenkimpuls erleben
– die richtige Dosierung einüben
– ihn allmählich zu einem automatisch eingesetzten Hilfsmittel machen, vor allem beim plötzlichen Ausweichen, aber auch, um sich überhaupt agiler mit dem Motorrad zu bewegen.

Übungen zum Lenkimpuls

Fangen wir mit einer Vorübung an:

22

**Vorübungen: Lenkimpuls ohne
Festhalten des Lenkausschlags**

Beide Hände vom Lenker nehmen und einen
leichten Stoß mit dem Handballen von hinten
auf ein Lenkerende geben.

bei	60 km/h[1)]	links ☐	rechts ☐
bei	100 km/h	links ☐	rechts ☐

Stoß verstärken:

bei	60 km/h	links ☐	rechts ☐
bei	100 km/h	links ☐	rechts ☐

Stoß noch kräftiger:

bei	60 km/h	links ☐	rechts ☐
bei	100 km/h	links ☐	rechts ☐

[1] In höherem Gang fahren, damit beim Freigeben des Gasgriffs der Bremseffekt durch das Motorschleppmoment geringer ist.

Beachten:

- Fest sitzen mit deutlichem Knieschluss und keine Gegenbewegung des Oberkörpers beim Stoßen!
- Mit einem ganz leichten Stoß beginnen!

Der Lenker soll sich nur so kurzzeitig wie möglich bewegen. Das Motorrad „zuckt" nur ein wenig um seine Längsachse, das heißt, es nimmt für einen Augenblick eine Schräglage je nach Stärke des Impulses ein, die es sofort durch eine Gegenschräglage wieder ausgleicht, ohne dass es zu einer nennenswerten Richtungsänderung käme.

Trainingsziel dieser Vorübung ist es, die unterschiedliche Reaktion des Motorrads bei verschiedenen Geschwindigkeiten kennen zu lernen und ein Gefühl „in die Hände" zu bekommen für die richtige Stärke des Lenkimpulses. –

Soweit die kurzen Vorübungen. In den nun folgenden Übungen bleiben die Hände am Lenker.

23

Übung 1: Lenkimpuls mit Festhalten des Lenkausschlags

Beide Hände umschließen die Lenkerenden wie gewohnt. Auf gerader Strecke gibt eine Hand dem Lenkerende einen Stoß nach vorne, vergleichbar dem Stoß in der Vorübung; die Hand bleibt jedoch am Lenker und hält diesen in der neuen Position fest, d. h. *sie behält den Anfangsdruck bei.*

Etwa eine halbe Sekunde festhalten[1]

bei	80 km/h	links ☐	rechts ☐
bei	100 km/h	links ☐	rechts ☐

etwa eine Sekunde festhalten

bei	80 km/h	links ☐	rechts ☐
bei	100 km/h	links ☐	rechts ☐

etwa anderthalb Sekunden festhalten

bei 80 km/h   links ☐   rechts ☐

bei 100 km/h   links ☐   rechts ☐

Immer wieder einmal unter verschiedenen
Bedingungen wiederholen:

☐   ☐   ☐   ☐   ☐   ☐   ☐

[1] Zähle im normalen Tempo eines deutlichen Sprechens als Maß für
eine halbe Sekunde „**ein**-und-"; für eine Sekunde „**ein**-und-zwan-zig";
für anderthalb Sekunden „**ein**-und-zwan-zig-**ein**-und-". Gegebenenfalls
die eigene „Zähluhr" eichen: Zehn mal „**ein**-und-zwan-zig-" ohne eine
Pause zwischen den Worten sprechen und die Zeit stoppen.

Beachten:

● Die Veränderung der Schräglage hängt allein von der Lenkerbewegung, nämlich von der Stärke des Impulses und von der Dauer des Lenkausschlags ab. Daher mit kleinen Lenkerbewegungen und kurzen Festhaltezeiten beginnen, dann aber sowohl den Impuls als auch die Dauer des Festhaltens steigern.

● Die Vorübungen haben ja gezeigt: Der Impuls allein führt noch nicht zu einer Richtungsänderung! Sondern er bewirkt nur eine kurze Schräglagenänderung, die vom Motorrad augenblicklich durch eine Gegenschräglage ausgeglichen wird.

● Wählen Sie eine wenig befahrene Landstraße, üben Sie zunächst nur auf einigermaßen geraden Stücken. Vermeiden Sie auf jeden Fall, die Gegenfahrbahn mit einzubeziehen, auch wenn alles frei ist. Warten Sie trotzdem, bis niemand entgegenkommt und vergewissern Sie sich im Rückspiegel, dass sich kein Fahrzeug von hinten nähert. Eine halbe Landstraßenbreite reicht bequem, um Richtungsänderungen von 15 bis 20 Grad zu erzielen. Das entspricht ungefähr den Ausweichbewegungen, wie sie im Gefahrenfall benötigt werden.

Das Ausprobieren der unterschiedlichen Bedingungen – vor allem verschiedene Festhaltezeiten, aber auch verschieden starke Impulse – macht erfahrungsgemäß den meisten Fahrern Vergnügen. In kurzer Zeit werden Sie – vor allem wenn Sie sich diese Übungen an mehreren Tagen vornehmen – viel Gefühl für den Lenkimpuls entwickeln.

Trainingsziel dieser Übung ist es, die richtige Bemessung von Impulsstärke und Festhaltezeit und ihre Abhängigkeit voneinander in Fleisch und Blut übergehen zu lassen.

Damit beherrschen Sie dann schon das Wichtigste vom Lenkimpuls und sind für Notfälle gerüstet. Die nächsten Übungen kann man aufschieben, wenn einem andere Übungen dringender erscheinen (wie wär's zwischenrein, abweichend vom Lesepfad, mit dem unbeliebten Schlüsselthema *Bremsen*, S. 40). Man sollte sich die weiteren Übungen zum Lenkimpuls aber trotzdem irgendwann noch vornehmen, denn erst mit ihnen steigt man in die Klasse der wirklich guten Motorradfahrer auf. (Vielleicht stellt sich dann auch heraus, dass Sie dieser Klasse längst zugehören, was zu wissen ja auch nicht schlecht wäre.) –

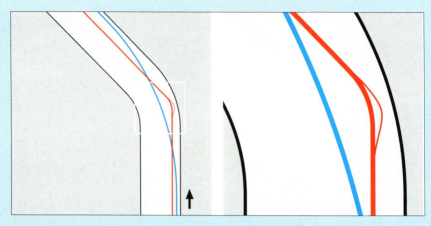

Abbildung 43: Betonter Lenkimpuls mit gezielter Richtungsänderung[1]

Nächster Schritt: Kommt nun eine leichte Kurve, die bekannt und die einsehbar sein sollte, so wird diese nicht wie üblich durchfahren (siehe Abbildung 43, blaue Linie), sondern wir üben eine gezielte plötzliche Richtungsänderung durch einen präzisen Lenkimpuls (rote Linie). Er soll genau an die Gegebenheiten der Kurve angepasst sein, das heißt, die Richtungsänderung darf weder zu groß noch zu klein geraten, sondern die Fahrspur muss nach dem scharfen Knick exakt der neuen Richtung der Strecke entsprechen. Wenn Sie die vorangegangenen Übungen sorgfältig genug durchgeführt haben, wird Ihnen das schon nach wenigen Versuchen gelingen.

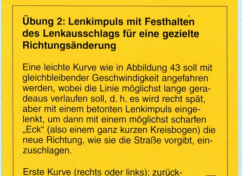

24

Übung 2: Lenkimpuls mit Festhalten des Lenkausschlags für eine gezielte Richtungsänderung

Eine leichte Kurve wie in Abbildung 43 soll mit gleichbleibender Geschwindigkeit angefahren werden, wobei die Linie möglichst lange geradeaus verlaufen soll, d. h. es wird recht spät, aber mit einem betonten Lenkimpuls eingelenkt, um dann mit einem möglichst scharfen „Eck" (also einem ganz kurzen Kreisbogen) die neue Richtung, wie sie die Straße vorgibt, einzuschlagen.

Erste Kurve (rechts oder links): zurückhaltend anfahren ☐

[1] Die Spur des Vorderrads ist hier und in den folgenden Abbildungen durch eine dünnere Linie angedeutet und stark übertrieben dargestellt.

Zweite Kurve ähnlicher Art: schneller anfahren, evtl. noch später einlenken und deutlich stärkeren Lenkimpuls ☐

Dritte Kurve: wie oben, noch energischeren Lenkimpuls ☐

Immer wieder einmal unter verschiedenen Bedingungen wiederholen:

☐ ☐ ☐ ☐ ☐ ☐ ☐

Beachten:

- Die Übung ist erst dann gelungen, wenn nach dem Knick die Fahrlinie in der neuen Richtung parallel zur Leitlinie in der Fahrbahnmitte verläuft, sodass keine nennenswerte Korrektur mehr erforderlich ist.
- Man findet rasch von ganz allein heraus, wie man durch längeres oder kürzeres Festhalten des Lenkausschlags die Richtungsänderung vergrößern oder geringer halten kann.

Trainingsziel bei dieser Übung ist es, den betonten Lenkimpuls nicht nur korrekt auszuführen, sondern ihn an die jeweiligen äußeren Gegebenheiten beziehungsweise an den eigenen *Bewegungsentwurf*⤢ richtig anzupassen. *(Näheres zum Bewegungsentwurf siehe „Die obere Hälfte des Motorrads", S.73f.[2.4]). –*

Eine nützliche Übung ist das kurze gezielte Ausweichen vor einem Hindernis, das als Hindernis gar nicht existiert, aber beispielsweise durch einen Kanaldeckel dargestellt wird. Diese Darstellung des Hindernisses durch eine Bodenmarke ist wichtig, weil damit dessen genaue Position festgelegt ist. Es werden zunehmend heftigere Ausweichbewegungen trainiert (Abbildung 44), was nun problemlos klappen sollte.

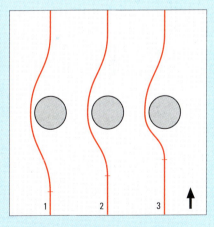

Abbildung 44: Zunehmend kürzere Ausweichbewegungen durch betonten Lenkimpuls

25

Übung 3: Lenkimpuls zum kurzen Ausweichen

Auf gerader Strecke mit ca. 50 km/h versucht man, einem „gedachten Hindernis", z. B. einem Kanaldeckel, mit Lenkimpuls und kurzem Festhalten des Lenkausschlags auszuweichen. Dabei gehört es mit zur Aufgabe, nach diesem Ausweichen wieder auf die alte Spur zurückzukehren.

Frühzeitiges Ausweichen

links ☐   rechts ☐

Späteres Ausweichen

links ☐   rechts ☐

So spät wie möglich ausweichen

links ☐   rechts ☐

Immer wieder einmal, wenn sich eine Gelegenheit bietet, wiederholen:

☐ ☐ ☐ ☐ ☐   ☐ ☐

Die Ausweichbewegung in dieser Übung ist unmittelbar anwendbar, wenn beispielsweise plötzlich ein großer Stein auf der Fahrbahn exakt in der Fahrtrichtung liegt, in den Alpen gar nicht so selten. Immer wieder hört man dann: „War einfach nicht mehr auszuweichen!" – Jedenfalls nicht ohne einen betonten Lenkimpuls. –

Irgendwann sollte dann auch einmal eine längere Kurve, die jedoch genügend bekannt sein sollte, mit einem betonten Lenkimpuls eingeleitet werden. Da lassen sich dann interessante Dinge beobachten.

26

Übung 4: Lenkimpuls mit Festhalten des Lenkausschlags und Übergang zur sog. stationären Kurvenfahrt

Eine nicht zu enge Kurve von 90 Grad oder mehr mit einem verzögerten Einlenkpunkt anfahren (siehe Abbildung 45), so dass ein deutlicher Lenkimpuls erforderlich wird. Nach Erreichen der erforderlichen Schräglage die Kurve parallel zur Leitlinie, d. h. mit gleichbleibendem Abstand zu dieser durchfahren.

Mit mäßiger Schräglage

links ☐   rechts ☐

links ☐   rechts ☐

links ☐   rechts ☐

mit größerer Schräglage

links ☐   rechts ☐

links ☐   rechts ☐

links ☐   rechts ☐

Bei Gelegenheit immer wieder einmal wiederholen:

☐ ☐ ☐ ☐ ☐ ☐ ☐

Beachten:

• Haken Sie diese Übungen erst dann als erledigt ab, wenn nach dem Lenkimpuls die Kurvenfahrt wirklich parallel zur Leitlinie erfolgt ist.

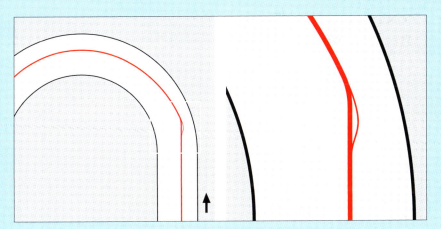

Abbildung 45: Betonter Lenkimpuls beim Einleiten einer längeren Kurve mit anschließender stationärer Kurvenfahrt

Das klappt aber schon nach wenigen Versuchen, obwohl diesmal etwas Neues hinzugekommen ist, ohne dass der Fahrer viel davon bemerkt hat. Denn bisher bestand der Ablauf nur aus zwei Phasen: Lenkimpuls und Festhalten des Lenkausschlags, bis die gewünschte Schräglage erreicht war. Das war dann auch schon die neue Richtung, und damit war die Übung beendet. Jetzt aber sollte die Kurvenfahrt fortgesetzt werden, doch was dafür zu tun ist, geschieht ganz spontan, vom Fahrer unbemerkt, denn es ist nicht *bewusstseinspflichtig*↗. Das Unbemerkte ist die dritte Phase: Die Kraft, die der Fahrer nach dem Lenkimpuls zum Festhalten weiter aufbringen muss, ist nach Erreichen der Schräglage zu vermindern (aber eben nicht ganz zurückzunehmen!), damit die Kurve gleichmäßig fortgesetzt wird – das ist die sogenannte *stationäre Kurvenfahrt*↗. Festhaltephase und Stützphase gehen freilich fließend ineinander über.

Die Feinregulation, um die Parallelität zur Leitlinie einzuhalten, geschieht also durch geringfügige Veränderungen des Drucks auf das kurveninnere Lenkerende. Stets ist die augenblickliche Schräglage – bei gegebener Geschwindigkeit – ein unmittelbares Maß für den gerade gefahrenen Radius: große Schräglage = kleiner Radius = enger Bogen. –

Die Übungen haben gezeigt: Den Lenkimpuls für sich allein – gleichgültig ob sacht und *unbemerkt* wie meistens im Alltag oder wie hier bei den Übungen *betont* –, den gibt es gar nicht, beziehungsweise er hätte überhaupt keine Wirkung! Festhalten des Lenkausschlags nach dem Lenkimpuls gehört in jedem Fall dazu, solange, bis die erforderliche Schräglage erreicht ist. Falls das bereits die neue Richtung ist (wie in der Regel beim Ausweichen im Gefahrenfall), so ist das Manöver damit auch schon zu Ende.

Handelt es sich jedoch um eine längere Kurve, so kommt, wie wir sahen, eine dritte Phase dazu: Das Motorrad am Weiterkurven halten, das heißt, die richtige Schräglage beibehalten. Diese hängt vom vorgegebenen Radius der Kurve und von der Geschwindigkeit ab. Das ist in der Beschreibung ganz schön kompliziert! Aber es ist gut zu wissen, dass vieles davon automatisch geschieht und dass man das jetzt beherrscht.

Trotzdem immer daran denken, dass der Lenkimpuls dazu neigt, sich bei längerem Nichtgebrauch allmählich zu verabschieden. Man merkt nämlich nicht, dass einem

---

**„Für mich war das ein neues
Hochgefühl auf dem Motorrad!"**

---

etwas Wichtiges fehlt. Es geht alles nach wie vor wunderschön flüssig, auch anständige Schräglagen werden erzielt, nur dauert es in einer kritischen Ausweichsituation eben viel zu lange, bis die Schräglage hergestellt ist. Deshalb sollten Sie den betonten Lenkimpuls immer wieder einmal auffrischen – macht ja auch Spaß! –, damit er im Überraschungsfall zur Verfügung steht. Zum Auffrischen eignen sich besonders die Übungen 2 und 3.

Sonst wird er eigentlich nur noch beim ausgeprägt sportlichen Fahren gebraucht, zum Beispiel dann, wenn auf der Rennstrecke Wechselkurven ganz dicht aufeinander folgen. Wenn da der gefahrene Kreisbogen der einen Kurve nicht fast übergangslos in den anschließenden Gegenkreisbogen der Folgekurve übergeht, sondern erst ein gerades Stück durchfahren werden muss, bis die neue Schräglage hergestellt ist, dann bedeutet das, dass nun engere Kurvenlinien gefahren werden müssen,

„Ich habe gar nicht gewusst,
wie spritzig
sich meine Maschine fahren lässt!"

als sonst nötig wäre. Im Straßenverkehr kommt diese Situation nur in einem einzigen Fall in ausgeprägter Form vor: beim Kreisverkehr. Wenn man einen solchen Kreisverkehr einigermaßen zügig durchfährt, spürt man sehr deutlich, wie nützlich und angenehm zugleich es ist, wenn man die drei Kurven, die erforderlich sind – rechts-links-rechts –, direkt und ohne lange Verbindungsstücke aneinanderreihen kann.

Aber auch ohne alle Sportfahrerambitionen: Erst wenn Sie den betonten Lenkimpuls drauf haben, nutzen Sie die Agilität Ihres Motorrads wirklich aus. Ohne den betonten Lenkimpuls ist ein Motorrad beim Ausweichen, vor allem bei höheren Geschwindigkeiten, ein gefährlich träges Gerät und auch sonst in seinen Bewegungen viel unbeholfener als das sein müsste. Zwar lässt sich eine schnelle Ausweichbewegung sehr schön auch durch das sogenannte *Drücken* erreichen, aber nur bei geringeren Geschwindigkeiten (Abbildung 46). *Drücken* ist eine Technik, die sonst beim Kurvenfahren eher verpönt ist. Das Motorrad wird zum Ausweichen vom Fahrer mit einer heftigen Bewegung in die Schräglage hinein*gedrückt*, wobei der Fahrer – durch dieses Wegdrücken von sich – diese Bewegung in die Schräglage nicht mitvollzieht, sondern erst im weiteren Verlauf nachfolgt. Für eine schnelle Ausweichbe-

Abbildung 46: Heftiges „Drücken" – probates Mittel für ein schnelles Ausweichen bei geringeren Geschwindigkeiten

L

wegung im Stadt- und Vorortverkehr reicht das durchaus. Draußen auf der Landstraße wird dann aber bei höheren Geschwindigkeiten schon bald der betonte Lenkimpuls vorteilhafter.

Vor einer Gefahr beim betonten Lenkimpuls ist allerdings zu warnen. Es gibt Fahrer, denen macht das Kurvenfahren mit dem betonten Lenkimpuls so viel Spaß, dass sie ihn bei allen möglichen Richtungsänderungen übermütig einsetzen, mit Vorliebe beim Überholen eines breiteren Fahrzeugs, hinter dem sie längere Zeit haben herfahren müssen. Statt allmählich auf die Überholspur hinüberzuziehen (und dort ebenso sanft diese Ausweichbewegung wieder aufzufangen), setzen sie den betonten Lenkimpuls ein und scheren mit einem ausgeprägten Schlenker, also ziemlich plötzlich aus. Das sieht zwar eindrucksvoll aus und mag einem frustrierten Fahrer

---

**Man kann's
auch übertreiben!**

---

etwas Luft verschaffen, es sollte ihm aber klar sein, dass er damit einem anderen Verkehrsteilnehmer, den er möglicherweise übersehen hat, vielleicht die letzte Chance nimmt, eine Kollision zu vermeiden.

Der Lenkimpuls in der Kurve

Von der Fahrphysik her unterscheidet sich der *Lenkimpuls in der Kurve* nicht grundsätzlich von dem auf einer Geraden. Wird er hier dennoch gesondert geübt, so deshalb, weil vom Fahrer und von seinem Verhalten her gesehen die Unterschiede doch ganz beträchtlich sind. Wenn ein Fahrer den betonten Lenkimpuls auf der Geraden zum Ausweichen beherrscht und wenn er auf diese Weise auch eine Kurve einleiten kann, dann heißt das noch nicht, dass ihm der Lenkimpuls auch *in einer Kurve* für eine Ausweichbewegung zur Verfügung steht. Der Lenkimpuls in der Kurve muss separat trainiert werden und er sollte genauso in Fleisch und Blut übergehen wie der Lenkimpuls auf der Geraden. Er wird – ebenso wie der Lenkimpuls auf der Geraden – gebraucht, wenn plötzliche Änderungen der Schräglage erforderlich werden, also vor allem bei Ausweichmanövern. Dabei macht das Ausweichen *nach außen*, also das Aufrichten und gleichzeitige Vergrößern des Kurvenradius, viel weniger Schwierigkeiten als das Vergrößern der Schräglage, also das „Zumachen" der Kurve *nach innen*. Das leuchtet insofern ein, als das Motorrad einem Lenkimpuls *nach außen* (zum Vergrößern der Schräglage, also zum Engerwerden der Kurve), ziemlichen Widerstand entgegensetzt, einer Lenkbewegung *nach innen* dagegen (die zum „Aufmachen" der Kurve nötig ist) *überhaupt keinen*. Im Gegenteil: Würden wir den Lenker in der Kurve plötzlich loslassen (nicht ausprobieren!), so würde er nach innen schnellen – nur ein winziges Stück zwar, aber ziemlich heftig! – und das Motorrad schlagartig aufrichten. –

Die entsprechenden Übungen dazu sehen folgendermaßen aus: Wir suchen uns eine Gegend aus, in der es längere Kurven gibt, also Kurven, die nicht zu eng sind und die eine Richtungsänderung von 90 Grad oder mehr aufweisen.

27

Vorübungen zum betonten Lenkimpuls in der Kurve

Einige längere Links- und Rechtskurven mit mittlerer Schräglage durchfahren, wobei nach Erreichen der Schräglage die kurveninnere Hand drückt, die kurvenäußere dagegen – freilich nur übungshalber – über dem Lenkergriff schwebt oder auf dem Tank liegt.

Linkskurve ☐   Rechtskurve ☐

Linkskurve ☐   Rechtskurve ☐

Linkskurve ☐   Rechtskurve ☐

Linkskurve ☐   Rechtskurve ☐

Mehrmals bei verschieden großen Schräglagen wiederholen. (Werden die Schräglagen größer, dann darf man die kurvenäußere Hand auch ganz locker auf das Lenkerende drauflegen.)

☐ ☐ ☐ ☐ ☐ ☐ ☐

Trainingsziel bei dieser Vorübung ist es zu *spüren*, wie das Motorrad während der sogenannten *stationären Kurvenfahrt*↗ ständig einlenken will, sodass für einen gleichbleibenden Kurvenradius ein ständiger Druck auf das kurveninnere Lenkerende erforderlich ist, den wir in der Regel unbemerkt aufbringen. Die meisten Fahrer bestätigen, dass das Drücken mit der kurveninneren Hand ungleich angenehmer ist als umgekehrt das Ziehen mit der kurvenäußeren Hand, und vor allem, dass kleine Korrekturen viel leichter fallen.

Damit haben wir uns zugleich mit einer nützlichen Grundhaltung zum guten Kurvenfahren vertraut gemacht: „Die kurveninnere Hand drückt, die kurvenäußere ist nur locker aufgelegt." So lautet ein wichtiger Vorsatz (siehe Kurventechnik, S.89). –

Das **Trainingsziel** bei den beiden nun folgenden Übungen lautet, den auf der Geraden oder im Kurveneingang eingeübten Lenkimpuls auch im Verlauf schneller Kurven stets für Ausweichmanöver zur Verfügung zu haben, und zwar sowohl zum „Zumachen" (Abbildung 47) als auch zum „Aufmachen" der Kurve (Abbildung 48).

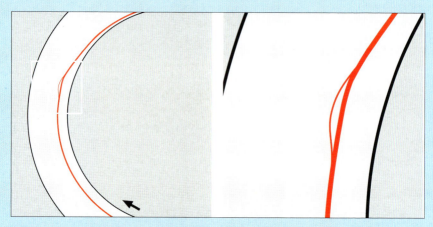

Abbildung 47: „Zumachen" der Kurve durch einen betonten Lenkimpuls nach *außen*. Er bewirkt eine Vergrößerung der Schräglage und damit eine Verkleinerung des Kurvenradius, d. h. eine Verengung des Bogens.

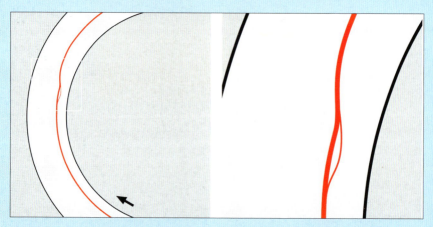

Abbildung 48: „Aufmachen" der Kurve durch einen betonten Lenkimpuls nach *innen*. Er bewirkt eine Verringerung der Schräglage und damit eine Vergrößerung des Kurvenradius, d. h. eine Vergrößerung des Bogens.

28

Übung 1 zum betonten Lenkimpuls in der Kurve

Wie bei den Vorübungen werden längere Links- und Rechtskurven mit mittlerer Schräglage durchfahren. Etwa in der Mitte der Kurve zunächst einmal, bei den folgenden Kurvenfahrten zweimal oder öfter mit der kurveninneren Hand einen Lenkimpuls nach außen setzen (d. h. Vergrößern der Schräglage und somit *„Zumachen")*, jeweils mit kurzem Festhalten des Lenkausschlags, damit es zu einer Veränderung der Fahrlinie nach innen kommt.

Erster vorsichtiger Lenkimpuls zum *„Zumachen"* in einer

Linkskurve ☐   Rechtskurve ☐

☐   ☐

zunehmend deutlicherer Lenkimpuls zum *„Zumachen"* in einer

Linkskurve ☐   Rechtskurve ☐

☐   ☐

☐   ☐

Sodann – aber aus Sicherheitsgründen eher zum Ende der Kurve hin – einen betonten Lenkimpuls zum raschen *„Aufmachen"* (d. h. Beenden) der Kurve setzen.
In einer

Linkskurve ☐   Rechtskurve ☐

☐   ☐

Beachten:

• Die kurvenäußere Hand darf nur locker aufgelegt sein.

• Das Motorrad verhält sich beim „Zumachen" (= Lenkimpuls nach außen, Schräglage vergrößern, Kurve enger machen) und beim „Aufmachen" (= Lenkimpuls nach innen, Schräglage verringern, Kurve weiter machen) *hochgradig asymmetrisch*.

• Das „Aufmachen" fällt leichter. Nach erfolgter Einübung des Lenkimpulses auf der Geraden gelingt im Gefahrenfall das „Aufmachen" in der Kurve spontan, das „Zumachen" muss dagegen gesondert trainiert werden.

• Das „Aufmachen" kann bei unbesonnenem Üben leicht zu einer heiklen Situation führen, da man schnell auf die Gegenfahrbahn geraten kann; daher anfangs behutsam vorgehen und erst am Ausgang einer Kurve das „Aufmachen" probieren.

Zum letzten Punkt ist zu bemerken, dass bei einem plötzlichen Auftauchen eines Hindernisses inj einer längeren Kurve (z.B. Gegenstand auf der Fahrbahn, Ölfleck o.Ä.) das Ausweichen zur Kurveninnenseite hin, so es geht, fast immer dem Ausweichen zur Außenseite hin vorzuziehen ist. Wenn man solche Situationen mental trainiert, sieht man sofort warum: Das Ausweichen geht zwar leicht, aber nach dem Vorbeifahren am Hindernis muss man einen wesentlich engeren Bogen fahren, und allzu leicht geht einem dabei die Straße aus. –

Nun geht es nur noch darum, den betonten Lenkimpuls in der Kurve nicht nur als solchen mühelos zu beherrschen, sondern, als zusätzliches **Trainingsziel**, ihn an die äußeren Gegebenheiten richtig anzupassen, wie das beim Ausweichen in einer Kurve ja erforderlich ist.

29

Übung 2 zum betonten Lenkimpuls in der Kurve

Wiederum längere Links- und Rechtskurven mit einiger Schräglage durchfahren und kleine Unregelmäßigkeiten im Fahrbahnbelag (Verfärbungen, Flecken, kleine Risse, Ausbesserungen usw.), die auf der vorgesehenen Fahrlinie liegen, als Hindernisse betrachten, die – innen oder außen – umfahren werden müssen. Sie sollten anfangs nicht viel größer als eine Handbreit sein.

Lenkimpuls zum Ausweichen nach innen:

in Linkskurve ☐   in Rechtskurve ☐

☐   ☐

☐   ☐

Lenkimpuls zum Ausweichen nach außen:

in Linkskurve ☐   in Rechtskurve ☐

☐   ☐

Statt einem imaginären Hindernis auszuweichen, kann man sich auch einfach vornehmen, von einem bestimmten Punkt an die Fahrlinie „zuzumachen" und bei Rechtskurven mehr oder weniger nah am rechten Fahrbahnrand zu bleiben und umgekehrt bei Linkskurven am Mittelstreifen entlangzufahren. Das ist eine Ausweichbewegung, die einem – zum Beispiel auf engen Alpenstraßen mit dichter Kurvenfolge – verhältnismäßig oft abverlangt wird (vgl. dazu auch die Abbildung 38, Seite 91). –

Zum Schluss: Der Lenkimpuls in der Kurve dient aber nicht nur zum Ausweichen und zu sonstigem schnellen Richtungswechsel. Es gibt nämlich den wichtigen Vorsatz „Legen, legen, legen!" *(Ausführlich in „Die obere Hälfte des Motorrads", S.209[5.5])* Es geht bei diesem Vorsatz um die Bereitstellung einer äußerst nützlichen Verhaltensweise, die einem hilft, eine kritische Kurvensituation durch weitere Steigerung der Schräglage, eben durch weiteres *Legen*, zu bewältigen. Eine solche kritische Situation kann rasch entstehen; zum Beispiel, weil die Kurve wider Erwarten zugeht, oder einfach, weil man sich vertan hat und zu viel „Dampf" drauf hat. Dann kommt es darauf an, dass man *augenblicklich* und kraftvoll reagiert, denn das geringste Zögern verschlechtert bereits die Situation und macht die Korrektur schwieriger. Das Schlimmste, was passieren kann, ist, dass man aus Angst vor noch mehr Schräglage beispielsweise in einer Rechtskurve auf einem zu weiten Bogen weiterfährt und auf die Gegenfahrbahn gerät. Dieses „Legen, legen, legen!" jedoch klappt nur dann, wenn der betonte *Lenkimpuls* – und zwar der *nach außen*, um die Kurve „zuzumachen" – genügend eingeübt worden ist und so augenblicklich zur Verfügung steht.

gelesen am:	

*Vorschlag für den Lesepfad: weiter mit Schlüsselthema **K**urventechnik*

Lenkkopfwinkel s. unter *Nachlauf*↗

Lenkmoment entsteht durch die an den Lenkerenden einwirkende (Hand-)Kraft, die zur Herbeiführung oder zur *Beibehaltung* eines bestimmten Lenkeinschlags erforderlich ist; zur Beibehaltung insofern, als auch das Motorrad selbst ein Lenkmoment aufbringt, so z.B. das positive (d.h. einlenkende) Lenkmoment, das sich schon bei der geringsten Abweichung vom Geradeauslauf zu entwickeln beginnt (durch das beispielsweise das Freihändigfahren möglich wird) und das erst bei großen Schräglagen allmählich abnimmt und sich schließlich sogar umkehren kann.

Lenkungsdämpfer. Der Lenkungsdämpfer hat die Aufgabe, schnellen und großen Lenkerausschlägen, wie sie beim *Lenkerschlagen*↗ entstehen, einen Widerstand entgegenzusetzen (s.

Dämpfung↗), wobei er jedoch feine Lenkbewegungen möglichst wenig beeinflussen soll.

Lernpartnerschaft. Im Management-Training bewährter Zusammenschluss von zwei oder mehr *Trainees*↗, die sich (ohne einen Trainer, Coach oder Instruktor) gegenseitig kontrollieren, beraten und vor allem auch motivieren. Dieses Vorgehen lässt sich erfolgreich auch das Motorradtraining übertragen (s.a.S.144).

TIPP: Während bei einem Alleintraining, z.B. bei Bremsübungen oder Kreisbahn fahren, sich häufig ein gewisses Unbehagen einstellt oder Hemmungen wegen zuschauender Passanten aufkommen, schafft eine Lernpartnerschaft bereits mit einem einzigen Gleichgesinnten Erleichterung.

Lockerheit (Schlüsselthema) s. Kasten

Schlüsselthema *Lockerheit:*

Das A und O: locker bleiben

Alle Trainingsempfehlungen und alle Handlungsvorsätze laufen ins Leere, wenn keine ausreichende Lockerheit herrscht. Die Lockerheit ist das A und O beim Motorradfahren (und nicht nur da). Dafür gibt es gleich mehrere Gründe, einer wichtiger als der andere. Sie sollen hier wenigstens kurz aufgeführt werden.

Einmal können die enorm feinen Bewegungsimpulse, auf die es beim Motorradfahren ankommt *(siehe „Die obere Hälfte des Motorrads", S.93ff. [2.5])*, aus einem angespannten oder verspannten Körpersystem heraus überhaupt nicht in der erforderlichen Feinheit gegeben werden. Man versuche nur einmal, im Schritttempo

---

*Schon
das feste Zusammenbeißen
der Zähne bringt
die Fuhre zum Kippen*

---

einen engstmöglichen Kreis mit dem Lenker nahe am Anschlag zu fahren, dabei aber gegen alle Regel an einem bestimmten Punkt des Kreises eine Muskelpartie (beispielsweise Bauchdecke oder Oberschenkel oder Nacken), auf die es scheinbar überhaupt nicht ankommt, so fest anzuspannen, wie es nur geht. Schon das feste Zusammenbeißen der Zähne – wozu wir ja alle neigen, „wenn's drauf ankommt" – kann die Fuhre zum Kippen bringen! Das Paradebeispiel dazu kennen die Tennisspieler: Bei einem schönen Ballwechsel balle man plötzlich die freie Hand zur Faust, so fest man kann, – nur die Hand! – und das ganze System ist plötzlich dejustiert und verstimmt, was man in der nächsten Sekunde eindringlich am miserablen Resultat des folgenden Schlages sieht.

Aber auch *sensorisch*⌐, nicht nur motorisch wie oben, sind wir mit einer gespannten Muskulatur beeinträchtigt: Wir sind nicht mehr in der Lage, die zahllosen feinen Botschaften, die das Motorrad ständig an den Fahrer weitergibt *(siehe „Die obere Hälfte des Motorrads", S.124f. [3.6])*, entgegenzunehmen und zu verarbeiten.

Aber es geht noch weiter! Wir ermüden unvergleichlich rascher, nicht etwa nur wegen der dauernden muskulären Anspannung, sondern weil wir psychisch auf einem viel zu hohen Niveau angespannter Willentlichkeit operieren und so die *Automatismen*⌐, die wir vielleicht längst erworben haben, nicht genügend zum Zuge kommen lassen *(siehe „Die obere Hälfte des Motorrads", S.138f. [3.9])*.

Schließlich: Die Fähigkeit zum Lernen ist erheblich vermindert. Je lockerer, je gelassener, je entspannter wir sind, desto leichter bauen sich neue *Handlungsprogramme*↗ in uns auf *(siehe „Die obere Hälfte des Motorrads", S.157ff.[4.5])*.

Wichtig ist, dass man sich klarmacht, dass die Gefahr einer zu großen Angespanntheit für jedermann besteht, nicht nur für den Beginner oder den noch nicht sonderlich Geübten. Die Ungeübten werden freilich bei Belastung eher auf ein zu hohes Spannungsniveau kommen. Aber auch der Erfahrene, der Könner, der Routinier, selbst der virtuose Fahrer kann unter bestimmten Bedingungen auf ein zu hohes Niveau der Angespanntheit geraten, entweder allmählich und schleichend unter einer zu hohen Dauerbelastung, beispielsweise infolge unzureichender Pausen, oder eben plötzlich: durch Schreck (siehe Schlüsselthema *Schreck*, Seite 135). *(Ausführlich über den Schreck und seine Folgen siehe „Die obere Hälfte des Motorrads", S. 169ff. [4.7].)*

Psychische und körperliche Gespanntheit sind zwei verschiedene Erscheinungsformen ein und desselben Sachverhalts. Deshalb können wir körperliche Spannung auf psychischem Wege abbauen und psychische auf körperlichem. So geschieht der Spannungsabbau, die Herstellung der gebotenen *Lockerheit* auf dem Motorrad durch Eingriff in (spürbare) körperliche Zustände. Dabei können wir sicher sein, dass damit auch der psychische Zustand im gleichen Sinne beeinflusst wird. Es bietet sich eine ganze Anzahl von körperlichen Angriffspunkten (wie Hände, Unterkiefer, Bauchdecke, Schultern), die miteinander in Verbindung stehen und auf den psychischen Zustand rückwirken.

Zum Schlüsselthema Lockerheit gibt es hier statt der Übungskarten (mit Ausnahme einer Atemübung) eine ganze Anzahl von Vorsätzen. Was es mit den Vorsätzen auf sich hat und wie Vorsätze dazu beitragen können, falsche oder unvollkommene Verhaltensweisen (hier: mangelnde Lockerheit) zu verbessern, findet man im Schlüsselthema *Vorsätze*, Seite 142. *(Ausführlicher über Vorsatz und Vorsatzbildung in „Die obere Hälfte des Motorrads", S.175ff.[4.9])*

Zehn Vorsätze zur Lockerheit

Die folgenden Vorsätze zielen alle auf eine Senkung des Spannungsniveaus. *(Die Vorsätze sind in „Die obere Hälfte des Motorrads, S.185ff.[5], noch etwas ausführlicher erläutert, doch lassen sie sich bereits mit den hier gegebenen Hinweisen durchaus mit Erfolg anwenden.)*

Hände locker auflegen!

Mit dem Vorsatz „Hände locker auflegen!" wird einer der häufigsten Fehler bekämpft, der unter entsprechenden Bedingungen sogar bei Routiniers gelegentlich vorkommen kann. Kurzzeitig erhöhte Anspannung der Hände ist durchaus hinnehmbar, wichtig ist nur, dass eine erhöhte muskuläre Anspannung sogleich bemerkt und durch die Befolgung dieses Vorsatzes korrigiert wird.

Beim Vorsatz, die Schultern fallen zu lassen, ist das schon etwas schwieriger, denn die Spannung im Schultergürtel stellt sich schleichend und unmerklich ein. Sogar im Ruhezustand, zu Hause im Sessel, sind die Schultern ein wenig gespannt, erkennbar daran, dass man sie willentlich noch ein Stückchen weiter fallen lassen kann. Wer aufmerkt oder irgendeine Gefahr wittert, gar sich fürchtet, spannt den Schultergürtel an. Vielleicht nur wenig, aber er spannt an. Kein Wunder, dass sich bei einsetzendem Regen die Schultern anspannen und dabei sogar, von außen sichtbar, hochgezogen werden.

Kopf auf die Brust fallen lassen!

Dieser Vorsatz lässt sich sogar während der Fahrt befolgen, und wenn man das im Stand macht, kann man einige Sekunden in dieser Position verharren, durch die der Nacken angenehm gedehnt wird (Abbildung 49).

Bauchdecke fallen lassen!

Der Vorsatz, die Bauchdecke zu lockern, steht in engem Zusammenhang mit Kopf fallen lassen. Beide Vorsätze lassen sich zusammen, nahezu gleichzeitig, einsetzen und eignen sich besonders zum *Abrufen* einer ganzen Kette von Lockerungsvorsätzen, sofern diese vorher durch gemeinsames Einüben eng genug miteinander verknüpft worden sind. *(Zu diesen Verknüpfungen siehe „Die obere Hälfte des Motorrads", S.185, Einleitung Lockerheit, u. S.187, „Bauchdecke".)*

Es gibt Rennfahrer, die auf diese Weise vor dem Start durch betontes Lockerlassen der Bauchdecke einen zu hoch angestiegenen Puls messbar absenken können.

Tief reinsetzen!

Beim Vorsatz, sich „tief" hineinzusetzen, handelt es sich um eine klassische *Hilfsvorstellung*↗, die sachlich natürlich unsinnig ist – wie will man

Abbildung 49: Kopf auf die Brust fallen lassen

sich „tiefer" hineinsetzen! –, als Vorstellung aber ein bestimmtes Körpergefühl des „*Hineinfließens*" in das Motorrad herbeiführt und zu einer völligen Lockerung der Sitzfläche führen soll. Das Gegenstück dazu ist, „spitzärsig" im Sattel zu sitzen, wie das tadelnd in der Militärreiterei genannt wurde, nämlich mit angespannter Gesäßmuskulatur.

Mund locker!

Dieser Vorsatz stellt eine Forderung dar, die in vielen Sportarten erhoben wird und der ein wichtiger Leitsatz zugrunde liegt: *Alle Muskelpartien, die für einen Handlungsvollzug nicht erforderlich sind, sollen entspannt sein.* Der Mund, vor allem die Unterlippe, lässt ein zu hohes allgemeines Spannungsniveau am ehesten erkennen. Das ist auch vom Betreffenden selbst, wenn er erst einmal darauf zu achten beginnt, leicht zu spüren, so dass er sein Spannungsniveau kontrollieren kann.

Unterkiefer locker!

In engem Zusammenhang mit dem zusammengekniffenen Mund stehen die fest aufeinandergebissenen Zähne, stets Ausdruck hoher Anstrengung und Anspannung. Ein gutes Mittel, sich diese Reaktion bewusst zu machen, besteht darin, während der Fahrt zur Kontrolle eine Bohne zwischen die Backenzähne zu nehmen. Gewöhnlich ist man überrascht, wie bald man sie in einer gar nicht besonders aufregenden Situation zerbissen hat.

Nicht mit den Zähnen bremsen!

In diesen Zusammenhang gehört auch diese bei Trainings gern gebrauchte scherzhafte Aufforderung, nicht „mit den Zähnen" zu bremsen, die aber einen durchaus ernsthaften Hintergrund hat. Wer es geschafft hat, beim Fahren sein Spannungsniveau zu beherrschen und Unterkiefer und Mund locker zu halten, kann unter besonderer Belastung immer noch rückfällig werden. Es genügt schon ein schärferes Bremsen, zum Beispiel bei einer Bremsübung, und schon werden die Zähne unwillkürlich zusammengebissen – das wäre hinnehmbar, wenn der zu hohe Spannungszustand nur für einige Sekunden anhielte, wie das beim gut trainierten Routinier der Fall ist. Ist das Lockerheitstraining noch zu gering, so besteht sofort die Gefahr, dass sich der Zustand unbemerkt verfestigt.

Bewusste Atempause!

Der Atem bildet die Brücke zwischen Körper und Seele, heißt es, und so haben wir mit ihm ein wunderbares Mittel zur Einflussnahme auf einen zu hohen Spannungszustand, gleichgültig, ob uns eine Anspannung mehr im Psychischen oder mehr im Körperlichen auffällt. Der Vorsatz „Bewusste Atempause!" bezieht sich auf eine der einfachsten und wirksamsten Atemübungen. Nicht *einatmen – ausatmen* beschreibt das Atmen, wie man im Alltag gewöhnlich annimmt, sondern der Atem ist ein Dreitakter: *Einatmen – ausatmen – Atempause!* Geraten wir in einen zu hohen Spannungszustand – entweder ganz allmählich nach stundenlangem und anstrengendem Fahren mit wenig Pausen oder ganz plötzlich durch einen heftigen *Schreck* ↗ –, dann sollten wir eben diese einfache Atemübung machen, an die der Aufkleber erinnert.

Das geht am besten, wenn wir das vorher zu Hause anhand der folgenden *Atemübung* schon ein paar Mal probiert und damit etwas eingeübt haben; das ist eine Übung, die auch nach einem aufreibenden Arbeitstag nützlich sein kann. Danach übt man auf dem Motorrad, auch wenn noch nicht Not am Mann ist, und verwendet auch da anfangs noch die Übungskarte. Später genügt dann zum Auslösen der Übung der Aufkleber. Nur nach einer solchen Vorbereitung macht man es dann im Ernstfall richtig. Denn im Ernstfall stehen einem ja sicherlich weder die Übungskarte noch das Etikett zur Verfügung.

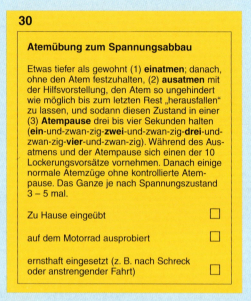

30

Atemübung zum Spannungsabbau

Etwas tiefer als gewohnt (1) **einatmen**; danach, ohne den Atem festzuhalten, (2) **ausatmen** mit der Hilfsvorstellung, den Atem so ungehindert wie möglich bis zum letzten Rest „herausfallen" zu lassen, und sodann diesen Zustand in einer (3) **Atempause** drei bis vier Sekunden halten (**ein**-und-zwan-zig-**zwei**-und-zwan-zig-**drei**-und-zwan-zig-**vier**-und-zwan-zig). Während des Ausatmens und der Atempause sich einen der 10 Lockerungsvorsätze vornehmen. Danach einige normale Atemzüge ohne kontrollierte Atempause. Das Ganze je nach Spannungszustand 3 – 5 mal.

Zu Hause eingeübt ☐

auf dem Motorrad ausprobiert ☐

ernsthaft eingesetzt (z. B. nach Schreck oder anstrengender Fahrt) ☐

Misstrauenshaltung durchbrechen!

Bevor Sie an diesen letzten der *10 Vorsätze zur Lockerheit* gehen, sollten Sie bei den neun vorangegangenen herausgefunden haben, welche für Sie die wirksamsten und damit wichtigsten sind. Die Schwerpunkte liegen bei jedem Fahrer wieder etwas anders, beim einen übertrifft beispielsweise der Vorsatz „Bauchdecke fallen lassen!" alle anderen Vorsätze, ein anderer Fahrer kommt zu dem Ergebnis, dass er eigentlich auf keinen verzichten möchte. Jedenfalls sollte man die Vorsätze, die einem persönlich die wichtigsten sind, schon gut draufhaben, bevor man sich mit diesem letzten näher beschäftigt. Dieser nämlich fasst wie ein Hauptschlüssel die anderen zusammen, sodass man nur noch diesen einen braucht. Voraussetzung freilich ist, dass Sie die anderen vorher genügend eingeübt haben.

Eine *Misstrauenshaltung* nimmt zum Beispiel der Patient beim Zahnarzt ein, je mehr Angst er hat, desto stärker, auch wenn ihm zum Beginn des Bohrens überhaupt noch nichts wehtut – aber es *könnte* eben jeden Augenblick entsetzlich wehtun! Das ist *Miss-trauens*-Haltung. Es wird angespannt, was sich nur anspannen lässt. Die Fußzehen sind verkrallt oder, umgekehrt, die großen Zehen steil noch oben gebogen, die Beinmuskulatur ist angespannt, und die Knie sind durchgedrückt; die Pobacken zusammengekniffen, und die Bauchdecke ist alles andere als locker. Die Atmung wird flach, die Atemfrequenz steigt an, eine Atempause ist auch nicht mehr andeutungsweise zu erkennen, die Ellenbogen sind fest in die Flanken gepresst und die Hände ineinander geklammert; die Schultern etwas hochgezogen und gespannt, angespannt auch der Nacken, und wenn der Patient nur könnte, würde er auch die Zähne zusammenbeißen.

Diese Haltung des Misstrauens ist auf der ganzen Linie genau das Gegenteil von jener, die ein Sportler einnehmen soll, wenn er eine gute Leistung bringen will. Misstrauenshaltung durchbrechen, heißt nichts anderes als Vertrauenshaltung einnehmen.

Genau die gleiche Misstrauenshaltung sehen wir mehr oder weniger ausgeprägt auch beim verspannten Motorradfahrer. Besonders deutlich bei einem „wasserscheuen" Fahrer, der vielleicht sogar – etwa ausgelöst durch einen bösen Sturz bei Regen in früheren Jahren – eine *Regenphobie*↗ entwickelt hat. Kaum dass die ersten winzigen Wasserkügelchen auf dem Visier aufblitzen, fällt bei den meisten Fahrern der Blick herunter, der Griff der Hände wird fester und die Bauchdecke spannt sich ebenso wie die Pobacken; der Mund ist verkniffen, die Zähne sind aufeinander gebissen. Kommt dann noch eine weitere Erschwerung hinzu wie zum Beispiel eine Kurve, die etwas enger ist als vorher angenommen, dann spannt sich der ganze Körper und der Atem wird flach oder sogar angehalten, und schließlich ist die oben beschriebene Misstrauenshaltung nahezu vollständig erreicht. Der Fahrer sitzt nicht mehr *drin*, sondern nur noch *drauf*. Er fährt eigentlich nicht mehr selbst, sondern wird vom Motorrad nur noch mitgenommen.

Also ganz wie beim Zahnarzt: Misstrauen und Angst gegenüber möglicherweise unmittelbar bevorstehendem Unheil. Das wird nicht immer so extrem sein, wie eben geschildert. Wird aber in einer solchen Situation vom Fahrer der Vorsatz „Misstrauenshaltung durchbrechen!" aktualisiert und mit den entsprechenden Körpervorstellungen verbunden, dann ist seine Chance groß, auf ein niedrigeres Spannungsniveau zu gelangen. Dieses eignet sich für die Bewältigung der Aufgaben, die dem Fahrer ja nach wie vor gestellt sind (zum Beispiel ganz trivial: wieder heil nach Hause zu kommen), viel besser als die hohe Anspannung, in die wir alle allzu leicht unbemerkt hineinschlittern. *(Ausführlicheres zur Misstrauenshaltung und ihrem klassischen Auftreten bei einsetzendem Regen in „Die obere Hälfte des Motorrads", S. 189f. sowie Kasten „Und wenn's regnet?" S. 190ff. [5.1])*

gelesen am:	

*Vorschlag für den Lesepfad: weiter mit Schlüsselthema **K**olonnenfahren, Gruppenfahren*

M

Low sider, ein (Kurven-)Sturz durch Haftungsverlust, bei dem im Gegensatz zum ungleich gefährlicheren *High sider* das Motorrad voraus- und der Fahrer hinterherrutscht (s.a. *Reifentemperatur* , Kaltsturz).

M

Memo Labeling ist eine Lerntechnik, die darauf beruht, dass ein Vorsatz, der in einer bestimmten Trainingsphase im Vordergrund stehen soll, auf einem Haftetikett so im weiteren Gesichtsfeld platziert wird, dass er dem Trainee „begegnet", nachdem er in vorübergehende Vergessenheit geraten war, die dadurch aufgehalten werden soll (sog. *gestützter* Vorsatz). (Siehe Schlüsselthema *Vorsätze*, S. 142)

Mental ist ein Begriff, der in vielerlei Zusammenhang gebraucht wird und daher etwas unscharf ist. Hier wird er vorwiegend in der Verbindung **mentales Training** verwendet im Sinne von Handlungsabläufen oder Verhaltensweisen, die nicht körperlich, sondern nur gedanklich in möglichst intensiver Vorstellung vollzogen werden („Training im Kopf"). *(Ausführlicher in „D. ob. Hälfte d. M.", S. 155f. [4.5])*

Mindestabstand zum Vorausfahrer sollte der sog. *sichere Sollabstand* sein, für den die Faustregel „1/2 Tacho" gilt. Sie lautet: Die Hälfte der angezeigten Geschwindigkeit in km/h ergibt den *sicheren Sollabstand* in Metern. Mit der 2-Sekunden-Regel kommt man nahezu auf die gleichen Werte. Dichteres Auffahren, wie z.B. bei besonders dichtem Verkehr oder bei Ausfahrten in der Gruppe, erfordert ein seitliches Versetzen. Bei Gruppenausfahrten kann dann der Abstand auf „1/3 Tacho" vermindert werden, jedoch drohen ab weniger als „1/4 Tacho" bereits Bußgeld und Punkte (im Bußgeldkatalog heißt das „bei weniger als 5/10 des halben Tachowertes"). (Näheres im Schlüsselthema *Kolonnenfahren, Gruppenfahren*, insbes.S. 62f.)

Misstrauenshaltung ist eine Körperhaltung, in der sich die hohe psychische Spannung eines allgemeinen Gefährdungserlebnisses in körperlicher Angespanntheit sichtbar niederschlägt. Im Allgemeinen erschwert die Misstrauenshaltung das Durchstehen einer schwierigen Situation. (Siehe Schlüsselthema *Lockerheit*, S. 118)

motorisch, die willkürlichen aktiven Muskelbewegungen betreffend

Motorschleppmoment s. unter *Schieben*

N

Nachlauf. Der Nachlauf wird im wesentlichen vom *Lenkkopfwinkel* bestimmt und entsteht durch die Neigung der Lenkachse nach schräg vorn, deren gedachte Verlängerung die Fahrbahn an einem Punkt trifft, der vor dem Aufstandspunkt des Vorderrads liegt. Der Abstand der beiden Punkte voneinander stellt den Nachlauf dar. Großer Nachlauf (Chopper) bewirkt eine hohe Richtungsstabilität bzw. einen guten Geradeauslauf, kleiner Nachlauf hohe Agilität und Beweglichkeit. Beim Eintauchen vorne, z.B. bei starkem Anbremsen einer Kurve, oder beim Einfedern hinten, z.B. bei starkem Beschleunigen (s. *Squating*), verändert sich der Nachlauf, was von Einfluss auf die Fahreigenschaften ist.

Negativfederweg s. unter *Federvorspannung*

P

Panik ist ein plötzlich einsetzendes existentielles Bedrohungserlebnis, durch das sinnvolles Handeln gelähmt wird und es zu *inadäquaten Verhaltensweisen* kommt, worunter auch das Nichthandeln, die Handlungsblockade, fällt. Es ist somit nicht gerechtfertigt, bereits jede Notbremsung (oder gar jede Vollbremsung) als **Panikbremsung** zu bezeichnen, ebenso wie als **Paniksturz** nur ein Sturz bezeichnet werden kann, der durch panikbedingtes inadäquates Verhalten zustande gekommen ist. (Siehe Schlüsselthema *Schreck*, S. 135., *Fehlerkaskade*)

Pendeln *(weave mode)* ist ein spontan auftretendes periodisches Schwingen des ganzen Motorrads, vorwiegend um seine Längs- und Hochachse, das in höheren und höheren Geschwindigkeitsbereichen auftritt und eine Frequenz von etwa 1 bis 2 Schwingungen pro Sekunde aufweist. Beim heutigen Stand der Technik ist es ein Hinweis auf eine Unvollkommenheit im Fahrwerk (z.B. zu geringe Steifigkeit) und gilt keineswegs als ungefährlich. Es tritt auf, wenn die Eigenfrequenz des Lenksystems (Vorderrad mit Gabel und Lenker usw.) und die der übrigen Motorrads in aufschaukelnde Resonanz geraten. (Vgl.a. *Lenkerflattern* und *Lenkerschlagen*)

TIPP: Gegenmaßnahmen sind außer Bremsen eine sofortige Gewichtsverlagerung nach vorn oder hinten und fester Knieschluss. Grundsätzliche Abhilfe kann der Übergang von Diagonal- auf Radialreifen bringen und die Überprüfung sämtlicher Lagerstellen auf zu großes Spiel.

Positivfederweg s. unter *Federvorspannung*

Programm (Handlungsprogramm) ist im weitesten Sinne eine Ablaufvorschrift, hier vor allem bezogen auf *automatisierte* Handlungskomplexe (s. *Automatisierung*⌐). Es ist zu unterscheiden zwischen genetisch vermittelten („angeborenen") und erworbenen (erlernten) Programmen, doch weisen auch erworbene Programme vielfach angeborene Programmteilstücke auf, ebenso wie komplette angeborene Programme häufig noch der Verfeinerung durch erworbene Programmüberlagerungen bedürfen. Schwimmen beispielsweise steht fast allen Säugetieren, auch den nur in Notfällen schwimmenden, als angeborenes Programm zur Verfügung, während der Mensch es erst erwerben muss. Erworbene Programme allerdings, die gründlich angeeignet wurden, verhalten sich ganz ähnlich wie angeborene Programme. Beide bedürfen, um auf dem einmal erreichten Stand zu bleiben, einer gewissen „Programmpflege" durch genügend häufige Verwendung, gehen aber niemals völlig verloren; wer jemals Schwimmen gelernt hat, wird dies auch nach jahrzehntelanger Pause noch nicht „verlernt" haben, was beispielsweise auch für das Radfahren gilt. Komplexe Handlungen, vor allem schnelle Präzisionsabläufe, wären ohne eine Automatisierung im Sinne einer ichfernen Steuerung durch erworbene Programme nicht möglich. *(Ausführlich in „D. ob.Hälfte d. M.", S. 35ff. [1.5])*

Q

Querbeschleunigung entsteht bei der Kurvenfahrt und hängt ab vom Kurvenradius und der Geschwindigkeit; multipliziert mit der Gesamtmasse von Fahrzeug und Fahrer ergibt sich daraus die Fliehkraft, die als *Seitenkraft*⌐ am Gesamtschwerpunkt angreift. Die entstehende Schräglage ist ein unmittelbares Maß für die herrschende Querbeschleunigung.

Querkräfte s. *Seitenkräfte*⌐

R

Radlast s. *Anpressdruck*⌐ und *Radlastverschiebung*⌐

Radlastverschiebung tritt (statisch) beim Bergab- und Bergauffahren und (dynamisch) beim Bremsen und Beschleunigen ein und ist abhängig vom Radstand und der Höhe des Gesamtschwerpunkts. Sie führt zu einer Veränderung der Fahreigenschaften (s.a. *Beladung*⌐) und kann sowohl beim Beschleunigen als auch beim Bremsen eine völlige Entlastung des Vorder- bzw. Hinterrads bewirken („hochgehen").

TIPP: Auf die Radlastverschiebung sollte man besonders achten, wenn sich die dynamischen und statischen Effekte addieren (Beispiele: beim Bremsen bergab, wenn eine zu weiche Vorderradgabel „auf Block" geht oder das Hinterrad beim Bremsen früher als gewohnt blockiert; oder steil bergauf bei vielleicht hoher Beladung, wenn die Vorderradbremse unerwartet früh blockiert). (Vgl.a. Kasten Alpenpraxis, 1.u.2.Abs.)

Regen (Schlüsselthema) s. Kasten

---

*Schlüsselthema **Regen:***

Die Physik ist die gleiche!

Das Wichtigste über das Fahren im Regen steht bereits in der Überschrift: *Die Physik ist die gleiche*, die gleiche wie bei trockener Straße. Nur die Reifenhaftung ist geringer, genauer: der Reibwert ist vermindert, oder ganz korrekt: Der Kraftschlussbeiwert hat sich geändert. Aber dem lässt sich leicht begegnen, indem wir die *Haftung*⌐ der Reifen in den Kurven, beim Bremsen und beim Beschleunigen weniger stark in Anspruch nehmen.

Was sich aber mit einsetzendem Regen ganz grundsätzlich verändert hat – jedenfalls in den meisten Fällen –, das ist der Fahrer! Da hat sich nicht nur graduell etwas verschoben wie beim Reibwert. Während der Fahrer gerade eben noch, vor Einsetzen des Regens (hoffentlich!) entspannt war und ganz locker mit seinem Motorrad umging, so wie im Schlüsselthema *Lockerheit* beschrieben, setzt nun ein ziemlich plötzlicher Wandel zu erhöhter Anspannung ein. Das gilt für alle Fahrer – auch für sehr gute, wenn sie zum Beispiel in einen überraschenden Regenguss geraten. Der Unterschied besteht nur darin, dass die Routiners rasch ihre Lockerheit wiederfinden, während die weniger geübten Fahrer, vor allem die regenscheuen, immer mehr verspannen, bis hin zum Verkrampfen, und so die Einheit Fahrer-Maschine immer mehr auflösen. Mit allen Folgen! *(Über die Einheit von Fahrer und Maschine sehr ausführlich in „Die obere Hälfte des Motorrads", S. 112-141 [3.1-3.9])*

Der Fahrer verspannt sich nicht nur, sondern er erstarrt geradezu. Während er sich vorher durchaus noch ein wenig auf dem Motorrad bewegt hat, wie man das, wenn man entspannt fährt, im Mitgehen mit der Bewegung unwillkürlich tut, rührt sich nun nicht mehr das Geringste. Er sitzt nur noch starr drauf, mit rundem Rücken, den Kopf eingezogen, die Schultern leicht hochgenommen – allenfalls reicht es einmal für eine hastige Wischbewegung über das Visier. Doch dem kann man entgegenwirken: Sobald man diese Erstarrung spürt – das *spürt* man nämlich, wenn man erst einmal anfängt, darauf zu achten –, sollte man sofort mit leichten Bewegungsübungen beginnen wie zum Beispiel:

- Die Hände, die in diesem Zustand mit Sicherheit schon viel zu fest zupacken, lösen, sie für einen Augenblick ganz öffnen und locker gekrümmt nur leicht auflegen;
- den abgesenkten Blick wieder anheben und weit genug vorausschauen;
- den Kopf schon vor dem Einlenkpunkt in die Kurve hineindrehen;
- ebenso die Schultern in die nahende Kurve hineindrehen (was sich mit zunehmender Schräglage freilich umkehrt, weil dann die Regel „Innenschulter vor!" gilt (siehe Schlüsselthema *Kurventechnik*, Seite 86);
- beim Bremsen sich etwas aufrichten und den Kopf hochnehmen;
- ab und zu die Schultern auf und ab bewegen, auch gegenläufig;
- hin und wieder einmal den Kopf locker auf die Brust fallen lassen;
- gelegentlich auch die Sitzfläche für einen Augenblick entlasten und sich dann mit lockerer Gesäßmuskulatur „ganz tief" wieder reinsetzen (siehe Schlüsselthema *Lockerheit*, insbesondere Seite 120).

Das sind alles kleine Hilfen, um nicht wie angegossen draufzusitzen und um die Lockerheit zu bewahren. Oder auch um sie wiederzugewinnen. Aber auch die anderen Lockerheitsvorsätze von Seite 119ff., die man inzwischen vielleicht schon etwas trainieren konnte, sind bei Regen von Nutzen.

In keiner Situation beim Motorradfahren ist die Gefahr, dass man in die verhängnisvolle *Misstrauenshaltung* hineinrutscht, größer als bei Regen und Glätte! Deshalb sollten Sie jetzt vielleicht die paar kurzen Absätze über die Misstrauenshaltung noch einmal überfliegen; *„Misstrauenshaltung durchbrechen!"*, so hieß auf Seite 122 der letzte der zehn Vorsätze zur Lockerheit. –

Die Lockerheit ist bei Nässe und Glätte das Wichtigste, und gerade gegen diese Forderung wird bei Regen am häufigsten verstoßen. Es ist, als ob dann plötzlich ein anderer, ein viel schlechterer Fahrer als bei Trockenheit auf dem Motorrad säße. Der Fahrer spürt natürlich selbst, wie schlecht er fährt und wie schwer ihm das Fahren fällt, und

---

**Es ist, als ob plötzlich
ein anderer Fahrer
auf dem Motorrad säße**

---

das verstärkt die Verkrampfung nur noch mehr. Das ist das Hauptproblem beim Fahren im Regen, nicht die Glätte als solche. Denn der Glätte, so hieß es oben sinngemäß, der könne man begegnen, indem man die Haftreibung der Reifen weniger in Anspruch nimmt; oder genauer: indem man den *Seitenführungskräften* ⌀ der Reifen, die bei Glätte vermindert sind, nicht zu viel zumutet. Das heißt nun aber nicht einfach langsamer fahren! Wenn bei Regen ein vorsichtig fahrender Motorradfahrer stürzt, dann nicht, weil er nicht langsam genug gefahren wäre. Wenn er zum Beispiel in einer geschlossenen Gruppe unterwegs war, warum erwischte es gerade ihn? Und warum gibt es Fahrer, die unter den gleichen Bedingungen auf dem gleichen Streckenstück deutlich schneller fahren und nicht stürzen?

Das Rätsel liegt darin, dass unser Blick falsch ausgerichtet ist; nicht das Tempo als solches ist die Gefahr, sondern die *Beschleunigungsspitzen* ⌀ sind es, die möglichst vermieden werden müssen: Bei zu hartem und „unrundem" Fahren können in den Kurven ziemlich plötzlich erhöhte Seitenkräfte und vor allem beim Bremsen und Gasgeben noch plötzlicher erhöhte Umfangskräfte entstehen, die die Haftung des Reifens – oft nur für einen Augenblick – überfordern. (Dabei ist selbstverständlich einzuräumen, dass man bei höherem Tempo leichter einmal versehentlich in zu hohe Beschleunigungsspitzen geraten kann als bei langsamerer Fortbewegung.)

Unser Augenmerk muss also bei Regen und Glätte auf die Beschleunigungsspitzen gerichtet sein, die möglichst vermieden oder gering gehalten werden müssen, nicht auf die Geschwindigkeit. Die richtige Geschwindigkeit ergibt sich daraus von selbst. Wer

---

**Je besser es mir gelingt,
Beschleunigungsspitzen zu vermeiden,
desto schneller
kann ich bei Regen fahren**

---

aber immer nur die Geschwindigkeit im Auge hat und nur darauf achtet, ja nicht zu schnell zu fahren, wird irgendwann in einer schwierigen Situation eben doch mit einem Knick oder einem zu plötzlichen Bremseinsatz eine zu hohe Beschleunigungsspitze produzieren. *(Über die entstehenden und auf das Rad einwirkenden Kräfte findet sich Näheres in „Die obere Hälfte des Motorrads", Kasten S. 129ff. [3.7].)*

R

Mit dieser veränderten Einstellung – mit dem Augenmerk auf die zu vermeidenden Beschleunigungsspitzen, nicht auf die Geschwindigkeit – fällt es dann ungleich leichter, die Grundregeln des Regenfahrens zu befolgen:

- Die Kurven weich einleiten und stets möglichst weite, runde Bögen fahren (das ist das, was man auch Regenlinie nennt und was das genaue Gegenstück zur – viel kürzeren – Renn- oder Kampflinie ist).
- Betont verausschauend fahren und einen großräumigen Bewegungsentwurf (siehe Seite 71f. u. 80f.) machen, um Knicke in der Fahrlinie zu vermeiden.
- Frühzeitig Gas wegnehmen und sanft, aber dafür frühzeitig bremsen und rechtzeitig, das heißt vor Kurvenbeginn, mit dem Bremsen fertig sein.
- Im Kurvenausgang mit Gefühl beschleunigen und dabei an vielleicht noch einwirkende Seitenkräfte denken – die Regel alter Fahrensleute, „bei Nässe lieber alles eher einen Gang höher", ist gar nicht so schlecht.

Je besser es mir gelingt, Beschleunigungsspitzen zu vermeiden, desto schneller (oder desto sicherer) kann ich bei Regen fahren. Das ist der ganze Trick beim Regenfahren. –

Zur Entschärfung einer schwer zu beurteilenden Glättesituation und damit zur allgemeinen Lockerheit trägt es natürlich auch bei, wenn es gelingt, mehr Gewissheit über die im Augenblick herrschende Griffigkeit der Fahrbahn zu gewinnen. Dazu eignen sich vorzüglich die beiden Bremsmanöver, wie sie im Schlüsselthema Bremsen als Übungen auf Seite 47ff. beschrieben worden sind. Vor allem dieses *„ Vorderradbremse mehrmals kurz und kräftig bis zum deutlichen Eintauchen betätigen!"* ist eben nicht nur eine Übung, sondern auch eine Prüfmethode, wenn man Näheres über den verfügbaren Grip erfahren will. Gewöhnlich ist man überrascht, wie heftig man bei Nässe noch bremsen kann, und das schafft natürlich Vertrauen in die Situation und gibt mehr Sicherheit. Je geübter der Fahrer, desto eher überträgt sich die gerade gemachte Erfahrung spontan auf die richtige Einschätzung des Grip überhaupt, was dann beispielsweise auch der richtigen Einschätzung der praktikablen Schräglagen zugute kommt.

Überbremst man versehentlich – blockiert also das Vorderrad –, dann ist das auch nicht schlimm – vorausgesetzt freilich, man hatte keine Schräglage und man macht die Vorderradbremse augenblicklich wieder auf. Man kann das Blockieren sogar provozieren – das ist dann das zweite dieser beiden Bremsmanöver, nämlich *„ Vorderradbremse ganz kurz scharf anreißen bis zum Radstillstand! (max. 0.1s)"*, auf Seite 50ff. näher beschrieben. Damit gewinnt man ebenfalls wichtige Informationen über den augenblicklichen Straßenzustand und kann seine Fahrweise danach einrichten. Gerade in fremden Regionen mit ungewohnten Straßenbelägen ist man froh, wenn man über die Griffigkeit bei Nässe Genaueres erfahren kann. Oft kommt man ja mit solchen Belägen bei Trockenheit noch ganz gut zurecht, hat aber bei Nässe keinerlei Vorstellungen mehr, ob sie noch einigermaßen griffig sind oder spiegelglatt.

Ich weiß, dass hier manche Leser die Stirn runzeln werden. Als ich vor einigen Jahren im MOTORRAD in einer Artikelserie auf dieses Testen der Griffigkeit zu sprechen kam, gab es unter den Lesern einige Aufregung. Motorradfahren sei doch weiß Gott schon gefährlich genug, hieß es, der Verlust der Haftung sei generell die große Gefahr schlechthin und erst recht bei Regen, und jetzt solle das Rutschen sogar noch mutwillig herbeigeführt werden und überhaupt ... und ob wir denn noch alle Tassen im Schrank hätten. Die guten Leute sind offenbar schon bei dem Gedanken an das Überbremsen erschrocken, obwohl es sich um eine Übung handelt, die bei den Perfektionstrainings von MOTORRAD immer wieder durchgeführt wird und den Teilnehmern – nach anfänglicher Skepsis – viel Sicherheit vermittelt. Diese Leserbriefe waren teilweise nichts anderes als eine Form der Angstbewältigung, was man schon daraus ersah, dass die Schreiber gegenüber Zeitschrift und Autor arg polemisch wurden und kräftig austeilten. Nun ja, wenn's ihnen danach besser ging ... *(Noch einige Details dazu in „Die obere Hälfte des Motorrads", Kasten „Und wenn's regnet?" S. 190ff. [5.1])*

gelesen am:

*Vorschlag für den Lesepfad: weiter mit Schlüsselthema **A**lpenpraxis*

Regenphobie. Das bei den allermeisten Motorradfahrern zu beobachtende fahrerische Unbehagen bei Regen äußert sich bei weniger geübten Fahrern häufig als eine Regenscheu oder auch Regenfurcht und kann sich unter ungünstigen Bedingungen (z.B. nach einem Sturz bei Regen) bis zur *Regenphobie* verfestigen, sodass der Betroffene einer weitgehenden Handlungsblockade unterliegt und die angstbesetzte Tätigkeit, hier das Fahren bei Nässe, nur noch äußerst unvollkommen oder überhaupt nicht mehr ausführen kann. In schwereren Fällen ist die Aufhebung der Blockade nur mit therapeutischer Unterstützung möglich.

Reifenaufstandsfläche s *Aufstandsfläche*⌐

Reifenkontur. Die Lauffläche eines Tourenreifens ist im Querschnitt runder und balliger, die eines Sport- oder Rennreifens eher dachförmig ausgebildet. Daraus ergibt sich, dass der Tourenreifen bei Geradeausfahrt eine breitere *Aufstandsfläche*⌐ aufweist als der Sportreifen, was den Verschleiß mindert, aber auch die Agilität etwas beeinträchtigt, während in Schräglage der dachförmige Sportreifen eine breitere Fläche auf die Straße bringt, was den übertragbaren *Seitenkräften*⌐ und auch der Rückmeldung zugute kommt.

Reifenluftdruck. Der Reifenluftdruck („Reifenfülldruck"), der bei kaltem Reifen zu prüfen ist, liegt bei Straßenmotorrädern üblicherweise je nach Zuladung zwischen etwa 2,0 und 2,5 bar vorne und etwa 2,4 und 3,0 bar hinten. Rennreifen, die eine steifere Karkasse haben, werden teilweise mit wesentlich geringerem Druck betrieben.

Wenn vom Fahrzeughersteller in der Betriebsanleitung („Fahrerhandbuch") für Vorder- und Hinterrad jeweils nur ein einziger Reifendruck angegeben wird, so sind vorsorglich die höheren Werte als Standarddruck gewählt worden, weil man sicherstellen will, dass unter allen Umständen –

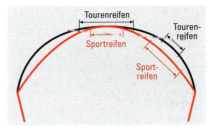

Abbildung 52: Breite der Aufstandsflächen bei Sport- und Tourenreifen in der Geradeaus- und in der Kurvenfahrt.

auch bei hoher Zuladung (Sozius) und hoher Dauergeschwindigkeit (Autobahn) – keine zu hohen *Reifentemperaturen*⟋ erreicht werden. *TIPP: Für Fahrten mit geringer Beladung und ohne hohe Dauergeschwindigkeiten (wie z.B. auch auf der Rennstrecke) kann eine behutsame Absenkung des Drucks von Vorteil sein, da die Reifen dadurch in einen höheren Temperaturbereich kommen, der jedoch überwacht werden muss. Es ist dabei jedoch zu beachten, dass ein niederer Reifenluftdruck nicht nur die Reifentemperatur erhöht, sondern auch den Verschleiß vergrößert, zunehmend die Lenkpräzision vermindert und größere Lenkkraft erfordert und von einem bestimmten Punkt an auch die erreichbare Kurvengeschwindigkeit beeinträchtigt und die Gefahr des Hochgeschwindigkeitspendelns (s. Pendeln*⟋*) erhöht.*

Reifentemperatur. Die Temperatur ist von großem Einfluss für den *Grip*⟋ eines Reifens. Rennreifen beispielsweise erreichen erst mit 60 bis 80 Grad ihren vollen Grip und werden deshalb vor ihrem Einsatz vorgewärmt. Bei Straßenreifen liegt das Temperaturfenster im Ganzen wesentlich niedriger, jedoch sollte vor allem ein Sportreifen vor seiner vollen Beanspruchung erst ausreichend warmgefahren werden. Das Temperaturfenster wird nach oben begrenzt durch beginnende Überhitzung, die sich darin äußert, dass zunächst der Reifen anfängt zu „schmieren" und sodann eine Devulkanisierung eintritt, durch die der Reifen auf Dauer unbrauchbar wird, äußerlich erkennbar an einem leicht bläulichen Glanz.

TIPP: Auch bei einer vergleichsweise sportlichen Fahrweise kann es wegen des niedriger liegenden Temperaturfensters durchaus von Vorteil sein, anstatt eines Sportreifens (oder eines Semi-Rennreifens, der nur mit Mühe die Straßenzulassung geschafft hat,) einen sportlichen Tourenreifen zu wählen.

Eine für den Alltag durchaus ausreichende Prüfung der Reifentemperatur ist das Fühlen mit der Hand. Wenn unser Urteil „gut handwarm" lautet, wird er zwischen etwa 35 und 40 Grad haben und ausreichend Grip aufbauen können.

Man beachte, dass schon nach einer kurzen Kaffeepause auf einer stark zugigen Passhöhe die Reifentemperatur stark abgefallen sein kann. Die meisten Kurvenstürze wegen zu geringer Haftung sind sog. Kaltstürze.

Rennlinie, auch Kampflinie, ist eine Linie, die schneller ist und bei wettkampfmäßigem Fahren bessere Überholmöglichkeiten bietet als die klassische *Ideallinie*⟋. Durch „spitzeres" Anfahren der Kurven ist sie nicht nur kürzer als die Ideallinie, sondern erlaubt auch ein späteres Bremsen, wenngleich stärker gebremst werden muss, da die Rennlinie im Bereich des *Scheitelpunkts*⟋ langsamer als die klassische Ideallinie ist. Danach allerdings ermöglicht sie ein wesentlich früheres Beschleunigen. Ihre Anwendung und ihr jeweiliger Ausprägungsgrad hängen von der verfügbaren Beschleunigungsreserve ab. Sie stellt sehr hohe Anforderungen an den Fahrer, beansprucht das Material stärker und ist bei unvollkommener Beherrschung gefährlich. *(Ausführlich in „D.ob.Hälfte d.M.", S.86ff.[2.4])*

Risikoerlebnis. Wird eine sich ankündigende Situation als *riskant* erlebt, so wird damit ein nützlicher Schutzmechanismus wirksam. Dieser bedarf aber aus entwicklungsgeschichtlichen Gründen bei gefährlichen, aber nur sehr selten eintretenden Ereignissen einer kontrollierenden Einflussnahme, da der Betroffene dazu neigt, die hohe Gefährlichkeit des Ereignisses mit der geringen Wahrscheinlichkeit des Ereigniseintritts in Beziehung zu setzen.

Beispiel: Ein Motorradfahrer nähert sich auf einer sehr schmalen Nebenstraße, die ihm gut bekannt ist, einer nicht einsehbaren Kurve. Er weiß, dass die Straße fast nie befahren wird, weiß aber auch, dass er in einsehbaren Kurve im Falle eines entgegenkommenden Autos kaum eine Ausweichmöglichkeit besteht. Er fährt deshalb *etwas* langsamer, weil ein Auto entgegenkommen *könnte*, aber er fährt *bei weitem noch zu schnell* für den Fall, dass tatsächlich ein Auto entgegenkommt.

Der Fahrer bildet also eine Art Mittelwert aus der Schwere und der Wahrscheinlichkeit des möglichen Unfalls und wendet dabei das *Risikointegral*⟋ an, wie es etwas anspruchsvoll genannt wird.

Risikointegral. Das Risikointegral stellt einen Sonderfall der sogenannten „Erwartung-mal-Wert-Modelle" dar, bei der der „Wert", das Risiko, negativ ist. „Erwartung-mal-Wert-Modellen" ist es gemeinsam, dass der Wert von Handlungsalternativen mit der subjektiven Wahrscheinlichkeit der gewünschten Zielerreichung (bzw. des befürchteten Ereigniseintritts) gewichtet wird, wobei diese Gewichtung durch eine Multiplikation von „Wert" und „Wahrscheinlichkeit" geschieht.

Das Risikointegral im Speziellen meint, verkürzt dargestellt, dass bei der vorbeugenden Bewältigung eines hochgradig gefährlichen, aber überaus seltenen Ereignisses zwischen der Wahrscheinlichkeit des Ereigniseintritts und der Schwere seiner Folgen in einer bestimmten Weise „gemittelt" wird, was zu einer unzureichenden Vorbeugung führt, sich aber ebenfalls als eine Multiplikation darstellen lässt. *(Ausführlich in „D. ob.Hälfte d.M. ", S.97f.[2.6])*

rollen ist ein Begriff aus der Fahrzeugtechnik und bezeichnet eine Bewegung („Rollbewegung") um die Längsachse des Fahrzeugs, die zu einer Änderung der *Schräglage* führt.

Rollwinkel (auch Neigungswinkel) ist ein Begriff aus der Fahrzeugtechnik; alltäglich wird von *Schräglage* (in der Fliegerei von *Querlage*) gesprochen.

Rückfall, Rückfallgefahr. Bei erworbenen Handlungsabläufen kann es im Störungsfall, beispielsweise durch Ablenkung oder durch Schreck, zu einem Rückfall in frühere Verhaltensweisen kommen, sodass eine überwunden geglaubte Verhaltensweise plötzlich unverändert wieder auftritt. Es wird dabei sichtbar, dass neue (oder verbesserte) Handlungsprogramme die alten Programme nicht etwa löschen, sondern diese lediglich überlagern (s. *Programme*).

S

Saisonbeginn. Bei saisonal ausgeübten Tätigkeiten, die *sensumotorisch* anspruchsvoll sind, ist beim Saisonbeginn mit deutlichen *Fertigkeitsverlusten* zu rechnen. Zu berücksichtigen ist dabei vor allem, dass der Fertigkeitsverlust vom Betroffenen nicht ohne weiteres bemerkt wird. Routiniers sind vom unvermeidlichen Fertigkeitsverlust in geringerem Maße betroffen als Beginner.

Schaltautomat. Vorwiegend im Rennsport verwendete Vorrichtung, die sehr kurze Schaltzeiten ermöglicht. Sobald der Fahrer beim Beschleunigen den Schalthebel betätigt (ohne dabei Gas wegzunehmen und auszukuppeln), wird die Zündung für einen Augenblick unterbrochen, zum Teil auch die Einspritzung zurückgenommen, und zwar derart kurz (zwischen 40 und 70 Millisekunden), dass überhaupt keine Schaltpause zu hören ist.

Schaltblitz. Blitzlichtartiges Signal im Cockpit von Renn- und Sportmotorrädern, das beim Hochbeschleunigen den Fahrer bei Erreichen einer bestimmten (einstellbaren) Drehzahl auf den Schaltzeitpunkt aufmerksam macht.

Scheitelpunkt wird beim Durchfahren einer Kurve derjenige Punkt der Fahrlinie genannt, an dem diese dem Innenrand des verfügbaren Fahrstreifens am nächsten kommt. Die genaue Lage des Scheitelpunkts wird demnach vom Fahrer be-

stimmt. Dagegen ist der **Kurvenscheitel** von der Streckenführung vorgegeben. Er liegt an dem Punkt, an welchem die Tangente am Kurveninnenrand die Richtungsänderung derGesamtkurve zur Hälfte durchlaufen hat (Abb. 53). Beide Begriffe werden nicht einheitlich und häufig im gleichen Sinn gebraucht.

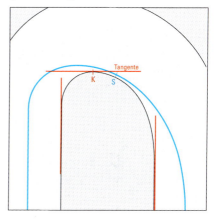

Abbildung 53: Scheitelpunkt (S) und Kurvenscheitel (K)

Schieben ist ein Betriebszustand, bei dem im Rollen bei geschlossenem Gas nicht der Motor über Getriebe und Antriebsstrang das Hinterrad antreibt, sondern umgekehrt das Hinterrad den Motor. Das dabei entstehende *Motorschleppmoment* kann (z.B. vor Kurven oder beim Bergabfahren) zum Bremsen eingesetzt werden und ist in niedereren Gängen erheblich größer.

Schlupf herrscht, wenn zwischen der Radumfangsgeschwindigkeit und der (wahren) Fahrgeschwindigkeit eine Differenz besteht. Er wird in Prozent der Fahrgeschwindigkeit ausgedrückt. Sobald auch nur geringe Längskräfte auf ein Rad einzuwirken beginnen, setzt bereits Schlupf ein.

Mit **Mikroschlupf** werden örtliche Verschiebungen zwischen Reifen und Fahrbahn innerhalb der Aufstandsfläche bezeichnet, wie sie zwingend bereits durch die Abplattung des Reifens entstehen. So wird beispielsweise der Radius des Rades von der Vorderkante der *Aufstandsfläche* bis zu ihrer Mitte zunehmend kleiner und nimmt dann wieder zu, was von Einfluss auf den Mikroschlupf ist.

Schnittstelle *(Interface)* ist der Übergang (bzw. die Trenn- oder Verbindungsfläche) zwischen zwei Systempartnern wie z.B. zwischen der Zentraleinheit und den Peripheriegeräten einer EDV-Anlage oder auch zwischen einem Computer und seinem Benutzer (Mensch-Maschine-Interface, Benutzeroberfläche). Im hier vorliegenden Zusammenhang interessiert vor allem die Schnittstelle zwischen Mensch und Werkzeug, speziell Mensch und Motorrad. Wenn das Werkzeug als sogenanntes *künstliches Organ* gebraucht wird, fallen die stoffliche und die erlebte Schnittstelle nicht mehr zusammen; vielmehr tritt, sobald das Werkzeug in die Körperlichkeit des Gebrauchers mit einbezogen wird (*integriertes* künstliches Organ), eine **Schnittstellenverschiebung** ein, was die hohen Leistungen beim menschlichen Werkzeuggebrauch überhaupt erst ermöglicht. *(Ausführlich in „D. ob. Hälfte d.M.", S. 117ff. [3.4]).*

Schräglage. Mit modernen Motorrädern und den heutigen Reifen sind Schräglagen möglich, die auf griffiger Fahrbahn erheblich über den praktisch nutzbaren Bereich hinausgehen. Dieser wird nicht nur dadurch begrenzt, dass herkömmliche Straßenmotorräder schon vor Erreichen der Haftgrenze mit bestimmten Bauteilen, z.B. mit dem Hauptständer, aufsetzen („kratzen"), sondern noch stärker dadurch, dass im normalen Straßenverkehr Schräglagen, die wesentlich über 30 bis 35 Grad hinausgehen, in der Regel fehl am Platz sind. Für den Motorradanfänger liegt eine zunächst nicht überschreitbare Schräglagengrenze bei etwa 20 Grad, die nur durch beständiges Training allmählich verschoben werden kann. *(Ausführlich in „D.ob.Hälfte d.M.", S.257, Anm.60.2)* Wichtig für die Sicherheit ist die Einsicht, dass hohe Schräglagen, die nicht eingeübt worden sind, im Notfall nicht zur Verfügung stehen. *(Siehe dazu Kasten „Wer schräglagenscheu fährt, lebt gefährlich!" in „D.ob.Hälfte d.M.", S.145ff.[4.2].)*

Schräglagenfreiheit. Der Ausdruck bezeichnet den Spielraum, der bis zur maximalen Schräglage zur Verfügung steht und der durch aufsetzende Fahrwerks- oder Motorteile (Hauptständer, Fußrasten, Auspuffteile usw.) begrenzt wird (s.a. *Aufsetzen*⊅).

Die gelegentlich demonstrierte Schräglagenfreiheit im Stand ergibt keine verlässlichen Anhaltspunkte, da die nicht unbeträchtliche Einfederung durch die Fliehkraft unberücksichtigt bleibt.

Schräglagenreserve. Beim Fahren im öffentlichen Straßenverkehr sollte in Kurven stets ausreichende Schräglagereserve zur Verfügung stehen, doch muss der Fahrer auch in der Lage sein, diese für den Notfall vorgesehene Schräglage sofort einzunehmen (s. a. *Schräglagenscheu*⊅, *Angststreifen*⊅).

Schräglagenscheu wird die Abneigung eines nicht genügend trainierten Fahrers genannt, größere Schräglagen einzunehmen. Bei einem sich schräglagenscheu verhaltenden Fahranfänger handelt es sich dabei um eine in der aktuellen Kurvensituation kaum überwindbare *Sperre*, die bei etwa 20 Grad Schräglage liegt. *(Ausführlich in „D. ob. Hälfte d. M.", S.42ff.[1.5]u. Kasten „Wer schräglagenscheu fährt, lebt gefährlich!", S.145ff.[4.2])*
TIPP: Die anfangs ganz natürliche Schräglagenscheu lässt sich durch Training allmählich abbauen. Dazu eignet sich besonders das Fahren auf der Kreisbahn⊅, *was anfangs unter Anleitung geschehen sollte.*

Schräglaufwinkel ist der Winkel zwischen der Fahrtrichtung und der Drehebene des Rades. Läuft das Rad wie bei einem Wagen ohne Sturz, so müssen die in der Kurve erforderlichen *Seitenführungskräfte*⊅ allein durch den Schräglaufwinkel aufgebracht werden. Kommt wie beim Motorrad ein Sturz des Rades durch die Schräglage hinzu, so trägt auch dieser zu den Seitenführungskräften bei. (Vgl. *Hanging off*⊅)

Schreck (Schlüsselthema) s. Kasten

Schlüsselthema *Schreck:*

Der Feind ist der Schreck

E in kurzes, aber wichtiges Kapitel, obwohl es zum Thema Schreck nicht viel zu üben gibt! Aber der Schreck ist an Motorradunfällen häufiger beteiligt, als man gemeinhin annimmt, sodass es sich lohnt, sich mit ihm zu befassen. Gewöhnlich geht einem Sturz oder Unfall ein auslösendes Störereignis voraus, aber dieses muss gar nicht unbedingt den Unfall selbst auslösen; häufig wäre eine Situation nämlich noch zu bewältigen, wenn sie nicht gleichzeitig einen Schreck beim Fahrer auslösen würde, der daraufhin erst den eigentlichen Fehler macht, der zum Unfall führt. Manchmal ist es nicht einmal ein einziger Fehler – den der Fahrer vielleicht auch noch bewältigt hätte –, sondern der Schreck löst eine ganze *Fehlerkaskade* aus, der der Fahrer von einem bestimmten Punkt an nicht mehr gewachsen ist.

Das schreckauslösende Störereignis kann alles Mögliche sein: auf der Gegenfahrbahn ein schleuderndes Auto; ein überraschender Linksabbieger vor einem, der erst im letzten Augenblick blinkt; ein Ölfleck, der plötzlich in einer Kurve auftaucht und so weiter. Natürlich sind manche Unfälle einfach unabwendbar, aber bei den vielen, die noch abwendbar gewesen wären, ist allzu oft der eigene Schreck das entscheidende Zwischenglied dabei. Wäre der Fahrer nicht erschrocken, mit dem auslösenden Ereignis allein wäre er zurechtgekommen – *der Feind ist der Schreck*!

Je besser trainiert ein Fahrer ist, desto geringer ist seine Schreckreaktion und desto schneller steckt er einen bereits eingetretenen Schreck auch schon wieder weg.

Es gibt aber auch selbstgemachte Störereignisse, die sich schreckauslösend auswirken können, beispielsweise ein Verschalten oder ein überbremstes Hinterrad oder gar ein haariger Verbremser im Kurveneingang. Die geheimnisvollsten dieser selbstgemachten Störereignisse aber sind die gänzlich unsichtbaren: Es ist überhaupt kein äußerer Anlass als Schreckauslöser zu erkennen, so bei dem schweren Sturz, dessen Ablauf die Abbildungen 53 bis 60 zeigen. Sie entstammen einem Film, den ein Video-Amateur aufgenommen hat, der zufällig hinter dem Sturzopfer hergefahren ist.[1]

---

[1] Eine ausführliche Analyse dieses exemplarischen Alleinunfalls in: Forschungshefte Zweiradsicherheit, No. 11, Essen 2004, Seite 119ff.

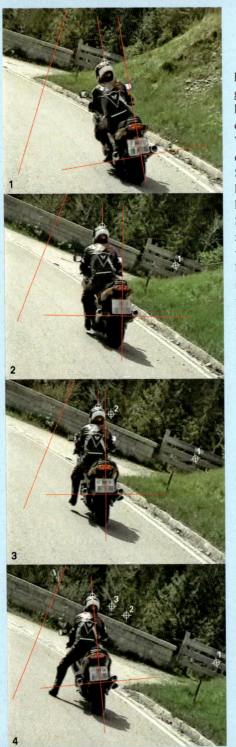

Der Fahrer nähert sich im ersten Bild unter besten Straßenbedingungen mit etwa 70 km/h und bereits leichter Schräglage einer Linkskurve, die über eine Schlucht hinwegführt. Wenige Augenblicke vorher, als er die Brückenmauer mit der tiefen Schlucht dahinter erblickt hat, überkam ihn die überwältigende Gewissheit, verbunden mit einem heftigen Schreck, dass diese Kurve nicht mehr zu meistern sei. Der tiefe Schreck bewirkte die augenblickliche Aufhebung der Einheit von Fahrer und Maschine, was bedeutet, dass die zahlreichen Regelkreise, in die jeweils Fahrer und Fahrzeug gemeinsam einbezogen sind, schlagartig unterbrochen wurden. *(Ausführlich wird diese Einheit von Fahrer und Maschine behandelt in „Die obere Hälfte des Motorrads", S. 112ff. [3.1-9]), insbes. S. 133ff. [3.8].)*

Entsprechend unternimmt er nicht das Geringste zur Bewältigung der Situation: kein Versuch, das Motorrad stärker zu legen, um den Kurvenradius zu verkleinern; nicht für einen Augenblick das Aufleuchten des Bremslichts, also kein Versuch, den Aufprall wenigstens zu vermindern. Stattdessen geht der Fahrer aus dem Sattel – schon im zweiten Bild zu erkennen – und fällt zurück in kindliche Verhaltensmuster in Gestalt des Bremsens mit den Füßen am Boden. Die Auflösung der Einheit von Fahrer und Maschine wird damit sogar körperlich sichtbar: Der Fahrer löst sich vom Motorrad. Er schwenkt mit dem Gesäß nach links, der linke Fuß ist im zweiten Bild bereits deutlich von der Fußraste genommen. Dabei verreißt er etwas die Lenkung, sodass sich das Motorrad aufrichtet und der Kurvenradius größer statt kleiner wird. Im dritten und vierten Bild spreizt er dann das linke Bein immer weiter ab und vergrößert dabei seine Schräglage wieder etwas, wobei der linke Fuß bereits deutlichen Bodenkontakt hat. Im fünften Bild hebt das Gesäß von der Sitzfläche ab, entsprechend ist der linke Fuß belastet, Rauch und Staub unter der Sohle. Immerhin wäre bis hierhin die Situation noch durch ein entschlossenes Eingreifen wahrscheinlich zu retten gewesen.

Im sechsten Bild wird das Gesäß noch mehr angehoben, der Fahrer steht schon fast aufrecht, der Aufprall auf die Mauer ist endgültig nicht mehr zu vermeiden. Im siebten Bild läuft das Vorderrad über die Bordsteinkante und springt fast 40 Zentimeter hoch. Beim Aufprall auf die Mauer, die etwa 45 Grad schräg zur Fahrtrichtung verläuft, knickt die Flugbahn des Motorrads nach links ab (was dem Fahrer den Sturz in die Tiefe erspart), dabei wird der Fahrer (im achten Bild) mit einer Rotation in die Luft geworfen. –

Abbildungen 54 – 61:
Selbstblockade durch
Schreck mit Fehlerkaskade

Soweit der geradezu lehrbuchhafte Ablauf eines sogenannten *Paniksturzes*, der sich dadurch auszeichnet, dass es in einer schweren Schreck- oder Angstsituation zu *inadäquaten Verhaltensweisen* kommt, zu Verhaltensweisen also, die unangemessen und somit nicht „zielführend" sind und zu denen auch das Nichthandeln – die Handlungsblockade – gehört.

Nun sind derart schwere Handlungsblockaden durch Schreck eher etwas Seltenes. Dennoch lässt sich aus diesem Unfall viel für die Praxis lernen, denn kleinere Störungen in diesem System Fahrer-Maschine durch Erschrecken sind keineswegs selten, wenn auch die Blockaden, die daraus entstehen, oft nur minimal sind. Allerdings gilt freilich auch: *Selbst die kleinste Störung im Ablauf eines Automatismus kann verhängnisvoll sein,* besonders wenn es um die Bewältigung einer Gefahrensituation geht.

Das ist ja alles sehr interessant, mag der Leser denken, aber ich will in diesem Buch etwas lernen für die Praxis, für *meine* Praxis. Ich will wissen: Was kann ich gegen den Schreck tun? – Nun, da gibt es zwei Antworten, denn das sind zwei Fragen in einer. Die erste lautet: *Was kann ich, wenn ich erschrocken bin, gegen den Schreck tun?*

Als Erstes soll man das tun, wozu man ohnehin nach einem Schreck neigt: tief durchatmen. Das soll nicht beiläufig und nur so nebenher oder gar halb unterdrückt geschehen, sondern so deutlich und betont wie möglich, wobei einem die Atemübung aus dem Schlüsselthema *Lockerheit* (Seite 122), so man sie schon eingeübt hat, das richtige Atmen erleichtert. Das häufig zu hörende „Huch!" beim Erschrecken, das durch ein heftiges, kurzes Einatmen zustande kommt, ist der plötzliche Spannungsaufbau, das ruhige Ausatmen ist das Gegenstück dazu. Dabei sollte man systematisch Muskelgruppe für Muskelgruppe entspannen. Denn diese haben das jetzt nötig! Man ist durch den Schreck nämlich wie auf Knopfdruck schlagartig in eine viel zu hohe Spannungslage geraten, die einen ziemlich ungeeignet macht für gutes Motorradfahren, sodass man sie so schnell wie möglich wieder abbauen sollte. Erst dann kann sich die Einheit von Fahrer und Maschine wieder einstellen. Insofern passen die Entspannungsvorsätze (Seite 119ff.) aus dem Schlüsselthema *Lockerheit* genau hierhin: die Schultern und dann die Bauchdecke ganz bewusst fallen lassen und gelöst in sich zusammensinken; die Hände nur noch locker auflegen; den Kopf für einen Augenblick auf die Brust fallen lassen; den Mund wieder lockern und die Zähne etwas auseinander. Kommt man gar nicht mehr aus der Verspannung heraus, dann hilft nur noch, zur besseren Entspannung anzuhalten.

Die zweite Frage aber lautet: *Was kann ich tun, damit es gar nicht erst zu einem Schreck kommt?* – Jedenfalls können wir unsere Schreckempfänglichkeit nicht kurzerhand willentlich-verstandesmäßig vermindern. Wir können aber prüfen, unter welchen Bedingungen ein Ereignis eintreten muss, damit es Schreck auslöst. Und können des Weiteren prüfen, wieweit wir diese Bedingungen beeinflussen können.

Es sind drei Bedingungen, denen ein Ereignis genügen muss, um Schreck auszulösen. *Es muss (1.) plötzlich* und *(2.) überraschend* auftreten und es muss als

(3.) bedrohlich erlebt werden. Alle drei Bedingungen müssen erfüllt sein! Wenn es gelingt, sie wenigstens teilweise auszuschalten oder sie mindestens zurückzudrängen, so ist die Gefahr gebannt.

Natürlich entzieht sich die *Plötzlichkeit* unserem Einfluss. Auf die beiden anderen, auf das *Überraschende* und auf die *Bedrohlichkeit* dagegen können wir bis zu einem gewissen Grad Einfluss nehmen. Ein Ereignis ist dann nicht mehr so *überraschend*,

- **plötzlich**
- **überraschend**
- **bedrohlich**

wenn wir auf dessen möglichen Eintritt vorbereitet sind. Es tritt dann zwar ebenso plötzlich ein, aber nicht mehr so unerwartet. Haben wir ein schreckauslösendes Ereignis schon mehrmals oder gar häufig erfolgreich bewältigt, so ist es uns vertraut, sodass wir es längst nicht mehr als so *bedrohlich* erleben wie bei der ersten Begegnung mit ihm. Das bedeutet nichts anderes, als dass der gut Trainierte ungleich seltener erschrickt, denn er erlebt eine viel geringere Zahl von Ereignissen als bedrohlich.

Deshalb werden bei Fahrertrainings ganz bestimmte Situationen – auch solche, die im Alltag ein Schreckpotential besitzen – geübt (beispielsweise Überbremsen des Hinterrads oder – kurzfristig – auch des Vorderrads; extreme Schräglagen bis zum Aufsetzen; Ausweichen vor plötzlich auftauchenden Hindernissen; Flucht ins Gelände); entsprechend verlieren diese Situationen ihre Bedrohlichkeit.

Zukünftige Schreckerlebnisse können allerdings auch entschärft werden durch die *mentale Auseinandersetzung* mit der schreckauslösenden Situation. Das geschieht durch die häufig wiederholte Vorstellung einer bestimmten Gefahrensituation in allen Einzelheiten in einem möglichst entspannten Zustand, etwa vor dem Einschlafen. Auch auf diesem Wege lässt sich das *Überraschende* wie auch das *Bedrohliche* eines schreckauslösenden Ereignisses vermindern. Dieses Vorgehen empfiehlt sich, wenn keine Möglichkeit zum echten Gefahrentraining besteht oder wenn es sich um Situationen handelt, die zu selten oder einfach viel zu gefährlich sind, als dass man sie real trainieren könnte. *(Schreckbewältigung und Schreckvermeidung findet man etwas ausführlicher dargestellt in „Die obere Hälfte des Motorrads", S. 169ff. [4.7]; nähere Hinweise zum mentalen Training S. 159ff. [4.6].)*

gelesen am:	

*Vorschlag für den Lesepfad: weiter mit Schlüsselthema **R**egen*

S

Schreckbremser. Eher scherzhaft gebrauchte Bezeichnung für einen Fahrer, der zu unkontrollierten Schreckbremsungen neigt, bei denen in der Anfangsphase leicht die *Haftgrenze*↗ (s. *Blockade, blockieren*↗) überschritten wird, was vor allem in Schräglage zum Sturz führen kann (s. Schlüsselthema *Bremsen*, S.46).

Der Ausdruck wird vorwiegend von solchen Fahrern verwendet, die Nicht-Schreckbremser zu sein glauben; jedoch kann unter bestimmten Bedingungen jedem Fahrer eine Schreckbremsung unterlaufen. (Vgl. *Angstbremser*↗).

Seitenkräfte sind die Kräfte, die auf das Fahrzeug quer zur Fahrtrichtung einwirken. Sie entstehen beim Durchfahren einer Kurve, aber auch bei Geradeausfahrt auf einer quergeneigten Fahrbahn oder bei Seitenwind; nicht zu verwechseln mit den **Seitenführungskräften**, die das Rad den einwirkenden Seitenkräften entgegensetzt (vgl. *Schräglaufwinkel*↗).

sensorisch, den Empfang und die Verarbeitung von Sinnesempfindungen betreffend

Sensumotorisch wird ein Ablauf (z.B. eines *Handlungsprogramms*↗) dann genannt, wenn *sensorische*↗ und *motorische*↗ Teilstücke miteinander verschränkt sind, wobei diese in enger Wechselbeziehung zueinander stehen. Beispielsweise wird bei einem Anhalten an einem vorgesehenen Punkt fortlaufend die gerade aufgebrachte Bremskraft mit der augenblicklichen Geschwindigkeit und Position des Fahrzeugs in Bezug auf den vorgesehenen Anhaltepunkt abgeglichen und die Bremskraft entsprechend nachgeregelt. Insofern sind die meisten Abläufe, die als motorische Abläufe bezeichnet werden, als sensumotorische Abläufe zu verstehen.

Setup, Fahrwerkgrundeinstellung und aktuelle Anpassung des Fahrwerks an die Beschaffenheit der Strecke und die fahrerischen Ansprüche („Fahrwerksabstimmung").

TIPP: Grundregel jeglicher Arbeit am Setup: Stets nur eine einzige Einstellung zwischen zwei Probefahrten verändern.

Shimmy s. *Lenkerflattern*↗

Sonnenblendung. Die Gefahren der Sonnenblendung werden erheblich unterschätzt. Vor allem die durch geblendete Entgegenkommer besonders gefährdeten Verkehrsteilnehmer mit einer nur kleinen Silhouette (Fußgänger, Radfahrer, Motorradfahrer) erkennen meistens nicht ihre Gefährdung, da ihre eigenen Sichtverhältnisse in dieser Beleuchtungssituation im Gegensatz zu denen der geblendeten Entgegenkommer besonders gut sind.

TIPP: Wenn man seinen eigenen Schatten vor sich sieht, muss man das als ein Alarmzeichen ersten Ranges erkannt werden. Diese Situation ist umso gefährlicher, je länger der Schatten ist und je genauer er in Richtung des Entgegenkommers zeigt. Sieht man gar die untergehenden Sonne im Rückspiegel, so kann man davon ausgehen, dass man für einen Entgegenkommer völlig unsichtbar geworden und augenblickliches Anhalten geboten ist; schon nach wenigen Minuten hat sich die Situation entschärft. (Ausführlich in „D. ob. Hälfte d. M. ", S. 210f. [5.5])

Spitzärschig ist ein aus der Militärreiterei stammender Ausdruck, dem auch didaktisch eine gewisse Bedeutung bei der Erläuterung der körperlicher Verspannung eines Aufsassen zukommt (s. Schlüsselthema *Lockerheit*↗, insbes. S.119ff.).

Squating. Konstruktionsbedingtes Einfedern des Hinterrads bei starkem Beschleunigen, das eine Veränderung der Fahrwerksgeometrie darstellt und insofern die Fahreigenschaften beeinflussen kann.

Stationäre Kurvenfahrt ist ein Begriff aus der Fahrphysik. Die Kurvenfahrt ist dann stationär, wenn alle einwirkenden und entstehenden Kräfte im Gleichgewicht befinden und konstant sind.

Sie ist somit nicht stationär beim Einleiten oder beim Beenden einer Kurve oder bei Korrekturen. Zu den einwirkenden und entstehenden Kräften gehören beispielsweise: die Fliehkraft, die das Motorrad aufrichten will; die dem entgegenwirkende Schwerkraft; der erforderliche Vortrieb und der entgegengerichtete Rollwiderstand, der in Schräglage beträchtlich zunimmt; die Einlenktendenz des Motorrads und das Stützmoment, das der Fahrer in den Lenker einleitet, entgegengerichtet ist.

Stempeln. Vertikale Ratterschwingungen (Springen) insbesondere des Hinterrads beim Bremsen, wobei erhebliche Unruhe in das Fahrwerk gebracht und die Bremswirkung beeinträchtigt wird. Das Stempeln wird hervorgerufen durch Resonanzschwingungen im Antriebstrang, die vor allem durch das ungleichmäßige *Motorschleppmoment*↗ vorzugsweise bei Ein- und Zweizylindermotoren angeregt werden. Die sog. *Anti-Hopping*-Kupplung unterdrückt diese Erscheinung, der auch den Fahrer durch konsequent befolgtes Auskuppeln bei jeder stärkeren Betätigung der Hinterradbremse entgegenwirken kann. Unter Stempeln wird in erster Linie das wesentlich häufigere Hinterradstempeln verstanden, obwohl es, wenn z.B. bei starkem Bremsen eine zu weiche Vorderradgabel „auf Block" geht (d.h. bis

140

zum Anschlag durchfedert), durchaus auch zu einem (überaus lästigen) *Vorderradstempeln* kommen kann.

TIPP: Man sollte sich das Auskuppeln bei jeder stärkeren Betätigung der Hinterradbremse ebenso zur Gewohnheit machen wie eine Drehzahlanpassung beim Zurückschalten↗ durch hinreichend genau dosiertes Zwischengas.

Stützgas wird die (in der Regel nur geringe) Erhöhung der Leistung genannt, wie sie erforderlich ist, um in der Kurvenfahrt eine weitere Erhöhung der Schräglage zu verhindern, was der Fall sein kann a) nach dem Einlenken bei noch zunehmender Schräglage; aber auch b) in der sogenannten *Stationäre Kurvenfahrt*↗, um die Verlangsamung durch den in der Kurve deutlich erhöhten Rollwiderstand auszugleichen. (Ausführlicher im Schlüsselthema Kurventechnik, S.86)

TIPP: Um Stützgas wirklich gekonnt einsetzen zu können, empfiehlt es sich, das Spiel im Gasdrehgriff so weit wie möglich herauszunehmen, denn der Stützgaseinsatz – so gering die Drehgriffbewegung auch ist – muss genau im gewünschten Augenblick erfolgen und genauestens dosiert werden können; beides gelingt nicht zufriedenstellend, wenn wegen des Spiels erst eine tote Strecke bei der Betätigung durchlaufen werden muss. (Ausführlicher in „D. o. Hälfte d. M.", S.58 [1.8] u. Anm.17, S.226)

Man kann sich allerdings behelfen, indem man nach jedem Schließen des Gases den Drehgriffs sofort wieder so weit öffnet, bis das Spiel verschwunden ist, was man am deutlichen Widerstand spürt. Das funktioniert jedoch nur dann zuverlässig, wenn dieser Handlungsablauf nicht mehr bewusstseinpflichtig↗, sondern völlig automatisiert ist. (Ausführlicher in „D. o. Hälfte d. M.", S.198, „Gas anlegen")

T

thematisch s. unter *unthematisch*↗

Tiefentspannung kann über die im Alltag üblicherweise erreichbare Entspannung (z.B. nach einer körperlichen Anstrengung oder einer psychischen Belastung) weit hinausgehen. Sie wird erzielt durch verbale Anleitung z.B. durch einen Psychotrainer, der eine körperliche und psychische Umstimmung herbeiführt. Der Trainee kann diese Entspannungstechniken bis zu einem gewissen Grad übernehmen, sodass er allmählich auch allein zu besserer Entspannung gelangt. *Mentales Training*↗ kann durch Entspannung und Tiefentspannung erheblich unterstützt werden.

Trainee war ursprünglich nur in der Wirtschaft gebräuchlich für Nachwuchskräfte, die auf eine anspruchsvolle Aufgabe vorbereitet werden, und wird heute zunehmend allgemeiner für jeden Trainierenden gebraucht.

Tunnel stellen in vielerlei Hinsicht eine besondere Gefahr dar. Sie sind häufig nur unzureichend oder überhaupt nicht zusätzlich belüftet. Ältere Bauwerke oder solche auf Nebenstraßen sind gänzlich unbeleuchtet. Nur bei großen Anlagen wird die Dunkelanpassung der Augen beim Einfahren in den Tunnel und die Helligkeitsanpassung beim Verlassen durch eine entsprechende Übergangsbeleuchtung ausreichend berücksichtigt.

TIPP: In langen Tunnels, in denen gelegentlich der Kohlenmonoxid-Anteil zu groß ist, sollten Motorradfahrer, die nicht wie Autofahrer auf Umluft schalten können, bestrebt sein, flach zu atmen. Am Ende eines langen Tunnels empfiehlt es sich, insbesondere bei starkem Sonnenlicht, frühzeitig durch den hellen Tunnelausgang nach draußen zu blicken, um die Augen rechtzeitig an die Helligkeit anzupassen.

Ebenso gilt umgekehrt: Nähert man sich bei großer Helligkeit einem Tunnel, so sollte man, sofern man keine Sonnenbrille trägt oder ein separates Sonnenvisier benutzt, die Augen bis auf einen schmalen Spalt schließen. Die vollständige Dunkelanpassung dauert zwar sehr lange, verläuft aber in den ersten Sekunden äußerst rasch. Unmittelbar bevor man in den Tunnel einfährt, muss die Sonnenbrille abgenommen, ein spezielles Sonnenvisier hochgeklappt, bzw. ein dunkel getöntes Helmvisier ganz geöffnet werden.

Bei kurzen Tunnels auf Passstraßen, die meistens unbeleuchtet sind, ist mit recht engen Kurven, oft gleich nach Beginn, zu rechnen, weshalb man auf eine ausreichende Dunkelanpassung achten sollte und besondere Vorsicht beim Einfahren angebracht ist.

U

Überbremsen ist ein Bremsen, bei dem noch während der Vorwärtsbewegung des Fahrzeugs ein Radstillstand eintritt, was insbesondere beim Vorderrad vermieden werden muss (s. *Blockade*↗). Das Überbremsen kann als sogenanntes **dynamisches Überbremsen** provoziert werden durch eine nicht nur sehr kräftige, sondern vor allem auch sehr schnelle Betätigung der Vorderradbremse, bei der der Bremsdruck so steil ansteigt, dass das Rad schon stehenbleibt, *bevor* die *Radlastverschie-*

bung eingetreten ist, durch die die Haftung erheblich gesteigert wird. Solche steilen Druckanstiege können vor allem bei Schreckbremsungen vorkommen. (Siehe dazu auch die Übung 3 im Schlüsselthema *Bremsen*, S. 49f.)

Umfangskräfte sind die Kräfte, die der Reifen beim Bremsen und Beschleunigen in Längsrichtung zu übertragen hat (s.a. *Längskräfte*).

Unfall, richtiges Verhalten. Die immer wieder gelehrten Reihenfolgeregeln wie „*Erstens:* Sichern! *Zweitens:* Helfen! *Drittens:* Melden!" sind insofern lebensfern, als im Ernstfall der hohe Aufforderungscharakter des Helfens die gebüffelte (aber blasse) Reihenfolge überrollt. Die Regel darf nur lauten „*Als Erstes sichern!*", das Weitere ergibt sich dann in der richtigen Reihenfolge von selbst.

Entsprechendes gilt für die Notrufregeln mit den verschiedenen Eselsbrücken (z.B. „3W-Regel – wo, was, wie viele"). Es muss nur eine einzige Regel beachtet und immer wieder eingeprägt werden: „*Lege nie als Erster auf!*", denn der Empfänger der Meldung weiß auf das Genaueste, welche Information ihm noch fehlt und wird

verlässlich danach fragen. Alle anderen Regeln sind angesichts der Aufregung, in der sich der Nicht-Routinier befindet, aussichtslos.

TIPP: Also nur: Als Erstes sichern! – Und: Lege nie als Erster auf!

Unthematisch ist ein psychischer Vorgang dann, wenn er sich so beiläufig abspielt, dass er ohne bewusste Zuwendung, d.h. unbeachtet von der Ichperson, abläuft und somit *nicht* das augenblickliche „Thema" der betreffenden Person ist. Im Gegensatz zu einem *unbewussten* Vorgang kann jedoch im Regelfall der Ablauf durch Zuwendung der Ichperson **thematisch** gemacht werden. Der weitaus größte Teil aller Handlungsabläufe, aber auch Wahrnehmungen, vollzieht sich auf einem unthematischen Niveau, wobei diese verschieden „tief", d.h. verschieden *ichfern* ablaufen können. *(Ausführlicher in „D. ob. Hälfte d. M.", S. 69ff. [2.2] u. Anm. 32,3.)*

V

Verhaltensprogramm s. *Programm*
Vorsätze (Schlüsselthema) s. Kasten

*Schlüsselthema **Vorsätze:***

Vorsatzbildung und Memo Labeling

„Der Weg zur Hölle ist mit guten Vorsätzen gepflastert", weiß der Volksmund und meint damit, dass es mit dem Fassen eines guten Vorsatzes noch lange nicht getan ist. Ebenso wichtig ist das Umsetzen des Vorsatzes, und das ist meistens schwieriger als das Fassen eines Vorsatzes. Aber selbst dann, wenn Sie ihn ein- oder zweimal verwirklicht haben, heißt das noch lange nicht, dass es bereits zu einer beständigen Verhaltensänderung gekommen wäre. Denn in vielen Fällen geht es nicht um *neue* Verhaltensweisen, die erlernt werden müssten – jeder, der mit diesem Buch arbeitet, kann ja längst Motorrad fahren –, sondern es geht um Verhaltens*änderungen*, die antrainiert werden sollen. Und das bedeutet, dass alte, eingefleischte Abläufe von neuen Handlungsprogrammen überlagert werden müssen, wobei die alten anfangs immer wieder einmal hervorbrechen können – ein manchmal äußerst mühsamer Prozess.

Aber ohne Vorsätze geht es eben auch nicht. Ich muss möglichst genau wissen, *worin* ich mich verbessern will, *was* ich anders machen soll, *welche* Verhaltensweisen ich mir abgewöhnen und welche ich mir antrainieren möchte. Das ist auch der Grund, warum bei allen Übungen zu den einzelnen Schlüsselthemen die *Trainingsziele* angegeben sind, und ihre Verdichtung finden diese Trainingsziele in den *Vorsätzen*: Das sind stichworthaft gefasste Aufforderungen zu einzelnen Handlungen oder Verhaltensweisen, die Schritt für Schritt zum Erreichen des Trainingsziels beitragen. Beispiel: Das Trainingsziel sei *mehr Lockerheit*. Dazu wird nun nicht einfach das Gesamtziel als Vorsatz ausgewählt (wie *„locker bleiben"* oder ähnlich), das wäre viel zu allgemein und würde nicht funktionieren. Sondern es wird Ihnen eine ganze Anzahl spezieller Vorsätze zur Lockerheit und zur Lockerung angeboten wie etwa „Hände locker auflegen!", „Schultern fallen lassen!" oder „Mund locker!" usw. Jeder findet da seine speziellen Handlungsaufforderungen, nämlich die, bei denen er spürt, dass sie für ihn besonders zutreffen und die ihm dabei am besten helfen, das Ziel *Lockerheit* als Ganzes zu erreichen.

Nun haben es aber Vorsätze so an sich, dass sie, kaum gefasst, auch schon wieder

**Der gute Vorsatz ist ein Pferd,
das häufig gesattelt,
aber selten geritten wird.**
Arabisches Sprichwort

Abbildung 62: Stützung der Vorsätze mit dem *Memo Labeling*

vergessen werden – das ist eben einfach bequemer, als sich auf Dauer nach ihnen zu richten. Damit das nicht geschieht, müssen wir dafür sorgen, dass die Vorsätze ständig gegenwärtig bleiben, sodass man immer wieder auf sie stößt, immer wieder an sie erinnert wird und sie so lange bewusst nachvollzieht, bis sie sitzen. Einen solchen Vorsatz nennt man dann *gestützt*. Schon der altbekannte Knoten im Taschentuch *stützt* den Vorsatz, sich an etwas Bestimmtes zu erinnern.

Hier, beim *Motorradtraining alle Tage*, erreichen wir die

Stützung durch das *Memo Labeling*, bestehend aus kleinen Haftetiketten mit den wichtigsten Vorsätzen darauf, die im Blickfeld des Fahrers beispielsweise auf die Gabelbrücke, den Tank oder die Tanktasche aufgeklebt werden (Abbildung 61). Die Haftetiketten befinden sich bei den Übungskarten, die dem Buch beigelegt sind. *(Ausführlicher über Vorsatz und Vorsatzstützung in „Die obere Hälfte des Motorrads", S. 175 ff. [4.9])*

Auf den Haftetiketten werden zunächst einmal ganz einfache Vorsätze auftauchen, die Sie nicht erst vorher einüben müssen, wie zum Beispiel „Mund locker!" oder „Hände locker auflegen!". An so etwas muss eben einfach nur ab und zu erinnert werden, wenn es um Lockern geht, und man muss die Aufforderung intensiv genug nachvollziehen, das reicht.

Dann wird es aber auch Labels geben, die Sie an bereits durchgeführte Übungen erinnern sollen, wie zum Beispiel „Einlenkpunkt spät!". Da muss man schon mehr dazu wissen, um ein solches Stichwort richtig zu verstehen, aber das haben Sie ja bei den vorangegangenen Übungen erfahren. Und man muss es nicht nur wissen, sondern man muss es auch schon ein paar Mal im Zusammenhang geübt haben, bevor man mit einem knappen Stichwort genügend wirksam daran erinnert werden kann.

Sind Sie mit der Technik der Vorsatzbildung erst einmal ein wenig vertraut, dann wird es nicht lange dauern, bis Sie *eigene Vorsätze* bilden, Vorsätze, die Sie selbst formulieren und die sich auf ganz persönliche Fehler beziehen, die Sie ausmerzen möchten. Diese Vorsätze kommen dann ebenfalls auf Haftetiketten, damit sie „gestützt" eingesetzt werden können. Nie bei einem Vorsatz, den man fasst, darauf hoffen, man werde schon rechtzeitig daran denken!

Nur ein einziges Beispiel für einen solchen selbst formulierten Vorsatz: Ein Fahrer ärgerte sich darüber, dass er immer wieder vergaß, den Blinker zurückzusetzen. Er fasste – gar nicht ungeschickt! – den Vorsatz, nach dem Setzen des Blinkers stets bis zum Zurücknehmen den *„Daumen auf dem Schalter lassen!"* und das funktionierte. („Blinker zurücksetzen!" oder Ähnliches hätte freilich nichts geholfen.) Jeder weiß am besten, was seine großen und kleinen Fehler sind und kann sich ganz gezielt eigene Vorsätze zur Ausmerzung dieser Fehler überlegen. *(Wie man eigene Vorsätze am besten formuliert und worauf es sonst noch ankommt, siehe „Die obere Hälfte des Motorrads", S.175ff.[4.9].)*

Bei einem solchen Training ohne Trainer ist es nicht schlecht, wenn Sie einen gleichgesinnten *Lernpartner* finden, einen, der ebenfalls das *Motorradtraining alle Tage* durchlaufen will. Man ermuntert sich, hält sich gegenseitig an weiterzumachen, stimmt sich über die nächsten Schritte bei den kommenden Ausfahrten ab, macht sich auf wichtige Textstellen aufmerksam, gibt sich Ratschläge, diskutiert die eigenen Leistungen und die des anderen, erläutert den Einsatz weiterer Vorsätze und hilft sich gegenseitig, neue zu formulieren.

So viele Vorsätze auch allmählich zusammenkommen mögen und so nützlich jeder Einzelne auch sein mag, nicht den halben Tank mit Vorsätzen vollkleben! Ein oder zwei Aufkleber reichen fürs Erste, vielleicht auch einmal drei oder höchstens vier, aber auch nur, wenn sie in einem engen Zusammenhang stehen. Sie bleiben solange drauf, bis sie deutlich Wirkung zeigen. Tritt später einmal gehäuft ein Rückfall in alte Untugenden ein (zum Beispiel zu Beginn der neuen Motorradsaison!), dann werden sie sofort erneut eingesetzt. Es ist erstaunlich, wie rasch sich dann das alte Niveau wieder einstellt. Oft genügt allein schon das Aufkleben, denn bereits das Heraussuchen und Anbringen stellt eine erste Beschäftigung mit dem Vorsatz dar.

Und noch eine letzte Empfehlung: Nützlich ist es, einen Vorsatz, der einem in den Sinn kommt, weil seine Befolgung gerade aktuell wird, wie einen Befehl oder eine Aufforderung halblaut vor sich hinzusprechen.

Merke: Neben den Übungen sind die Vorsätze unser wichtigstes Werkzeug beim *Motorradtraining alle Tage!*

gelesen am:	

Vorschlag für den Lesepfad: weiter mit Schlüsselthema **L**ockerheit

---

Weave mode s. *Pendeln* ↗

Wechselkurven sind dicht aufeinander folgende gegenläufige Kurven, die eine sehr rasche Veränderungen der Schräglage erfordern (s. betonter *Lenkimpuls* ↗, insbes. S.105) und sich gegenseitig in ihrer Linie beeinflussen (s. Abb. 38, S.91). *TIPP: Es lohnt sich, schnelle Schräglagenwechsel durch betonten Lenkimpuls zu üben: Je langsamer der Schräglagenwechsel, desto kleiner müssen die Kurvenradien werden, d.h. desto stärker sind die zu durchfahrenden Bogenstücke gekrümmt.*

Wiederholungsstabilität. Die Wiederholungsstabilität, d.h. die Fähigkeit, eine bestimmte Handlung oder Handlungsfolge in stets der gleichen Weise wiederholen zu können, ist beim Menschen (im Vergleich etwa zu einem Roboter) nur gering, stellt jedoch ein unmittelbares Maß für den Grad der Beherrschung einer bestimmten Handlung dar. So vertugen beispielsweise Spitzensportler oder virtuose Musiker über eine bemerkenswert hohe (wenn auch gewiss nicht absolute) Wiederholungsstabilität.

Für das Motorradtraining bedeutet das, dass man eine Übung keineswegs bereits dann beherrscht, wenn sie einmal gelungen ist, sondern erst dann, wenn sie mehrmals nacheinander zustande kommt und die einzelnen Wiederholungen nur wenig voneinnander abweichen.

TIPP: Wenn man, mindestens zeitweise, ein gewisses Augenmerk auf Abweichungen bei Wieder- holungen richtet, erkennt man zuverlässig, bei welchen Handlungsfolgen vor allem Trainingsbedarf besteht.

Winterpause s. *Saisonbeginn* ↗

Wobble mode s. *Lenkerflattern* ↗

Z

Zugstufendämpfung. Die Zugstufendämpfung bremst (fachsprachlich: „bedämpft") das Ausfedern der Gabel oder des Federbeins (s. *Dämpfung* ↗).

Zurückschalten. Bei einer beginnenden oder zu erwartenden Verminderung der Geschwindigkeit dient Zurückschalten der Anpassung der Motordrehzahl. Es ist daher vor allem erforderlich bei Steigungen und vorbereitend bei Kurven, die eine entsprechende Verminderung der Geschwindigkeit erfordern, um nach der Kurve in einem günstigen Drehzahlbereich beschleunigen zu können. Dabei ist vor der Kurve der Bremseffekt durch das Motorschleppmoment (s. unter *Schieben* ↗) willkommen, während es beim Zurückschalten bei längeren Bergabfahrten ausschließlich um den Bremseffekt geht.

Das häufig zu beobachtende Zurückschalten ohne eine Drehzahlanpassung vor dem Wiedereinkuppeln ist nicht akzeptabel (s. *Zwischengas* ↗). Zwar lässt sich durch vorsichtiges und langsames Wiedereinkuppeln ebenfalls hinreichend ruckfrei zurückschalten, doch erfordert der Vorgang zu viel Aufmerksamkeit und Zeit und stellt, vor allem beim Zurückschalten vor (oder gar erst zu Beginn) einer Kurve, eine vermeidbaren Belastung des Hinterrads mit Umfangskräften auf Kosten der verfügbaren Seitenführungskräfte dar (s. *Kammscher Kreis*⌐).

TIPP: Das Verstehen dieser Zusammenhänge ist nützlich, reicht aber noch nicht aus. Der Handlungsablauf für das Zurückschalten sollte habitualisiert⌐, d.h. automatisiert und damit zur unverzichtbaren Gewohnheit werden, wozu sich besonders die Übungen 1 bis 4 zum Zurückschalten, S. 16ff., eignen.

Zwischengas ist die Bezeichnung für den Gasstoß, der beim *Zurückschalten*⌐ in einen niedereren Gang wegen des veränderten Übersetzungsverhältnisses zur Anpassung der Drehzahl an die Fahrgeschwindigkeit erforderlich ist, damit ein ruckfreies Wiedereinkuppeln möglich ist.

Beim Automobil erfolgt das Zwischengas in der Leerlaufposition des Schalthebels, wobei insbesondere bei nicht synchronisierten Getrieben, gleichzeitig für einen Augenblick noch einmal eingekuppelt wird (sog. „echtes Zwischengas").

Beim Motorrad, das üblicherweise eine Folgeschaltung aufweist, erfolgt der Gasstoß fast gleichzeitig mit dem Auskuppeln und unmittelbar vor dem Einrücken des niedereren Ganges.

Zum Schluss:

Fallen Sie sich nicht selbst in den Arm!

Meine Schlussbemerkung hat gar nicht mehr so viel mit dem richtigen Umgang mit dem Motorrad zu tun. Dafür umso mehr mit dem richtigen Umgang mit sich selbst. Jeder, der durch Training zu einer Verhaltensänderung kommen will – ganz egal, was er trainiert –, muss bestrebt sein, *sich selber hinter die Schliche zu kommen,* das gilt nicht nur hier, sondern ist ein wichtiger Punkt beim großen Thema *Führung der eigenen Person.* Allzu leicht und allzu oft passiert nämlich Folgendes:

Dem *Trainee*⌐ leuchtet, so wollen wir doch hoffen, eine bestimmte Verhaltensweise, die ihm da anempfohlen wird, durchaus ein, zum Beispiel die Kurven genügend weit von außen anzufahren.

Aber nun stellt er fest, dass sein bisheriges Verhalten von der Trainingsforderung doch deutlich abwich und dass ihm auch während des Trainings und selbst noch danach immer wieder einmal Abweichungen unterlaufen. Diese spannungshafte Dissonanz zwischen Wissen und Handeln muss abgebaut werden. Das könnte, so möchte man doch annehmen, am besten dadurch geschehen, dass das Handeln durch Üben allmählich immer mehr an das Wissen angepasst wird, sich also das Verhalten immer mehr an der Trainingsforderung orientiert. Aber die Trainingsforderung, die neue Verhaltensvorschrift, ist in Wahrheit kein fest verankerter Fixpunkt, an dem das eigene Verhalten immer enger festgezurrt werden könnte, bis sich schließlich Verhalten und Verhaltensvorschrift völlig decken. Und so wird eben nicht nur das verbesserungsbedürftige Handeln an die Verhaltensvorschrift immer weiter angenähert, sondern auch umgekehrt: Vorschrift und Handeln lassen sich auch dadurch allmählich in Einklang bringen, dass man die *Vorschrift* ein wenig relativiert. Relativieren heißt: Ausnahmefälle finden und die allgemeine Gültigkeit einschränken, mit anderen Worten also: die Vorschrift lockern – so lassen sich dann Abweichungen oder Verstöße, bei denen man sich immer wieder einmal ertappt, viel leichter ertragen.

Die Schwierigkeit beim Training ohne Trainer liegt also darin, dass sich das zu verbessernde Verhalten und die Trainingsforderung dummerweise gegenseitig aneinander anpassen. Das ist kein Prozess des Schwindelns und Schummelns, sondern läuft in der Regel ohne Einsicht in das Geschehen ab, genauso wie wir bei jemandem, von dem wir sagen, dass er „sich selber in die Tasche lüge", nicht unbedingt unterstellen, dass dabei beabsichtigte Unaufrichtigkeit im Spiel sei.

Es verwundert nicht, dass es immer wieder die gleichen Einwände und Vorbehalte sind, die vorgebracht werden; Ausreden im strengen Sinne möchte man sie gar nicht nennen, denn der Betreffende glaubt selbst daran.

So folgt auf die Forderung, die Kurven möglichst weit von außen anzufahren, alsbald der Einwand, dass das der Gegenverkehr meistens gar nicht zulasse, mindestens dass man die Entgegenkommer erschrecken würde. Sicher, da ist etwas dran, man wird bei einem Entgegenkommer, der nicht weit genug rechts auf seinem Fahrstreifen fährt, gewiss nicht bis hart an den Mittelstreifen heranfahren. Aber man kann darauf wetten, dass der gleiche Fahrer in Situationen, in denen es überhaupt keinen Gegenverkehr geben kann, auch nicht richtig ausholen wird; beispielsweise wird er bei einer Autobahnausfahrt die Kurve viel zu weit rechts anfahren. (Man kann sich seiner Wette deshalb so sicher sein, weil der Fahrer mit seinem Einwand ja einen sicheren Hinweis gegeben hat, dass er von der Forderung, die er gerade im Begriff ist zu akzeptieren, bisher doch mehr oder weniger stark abgewichen ist – nur darum sucht er zunächst nach Haaren in der Suppe und nur darum dann sein Einwand!)

Oder bei der Forderung, nicht zu dicht aufzufahren und ganz bestimmte Abstandsregeln einzuhalten, kommt schon bald der klassische Einwand, dass das beim heutigen Verkehr gar nicht mehr gehe, mindestens nicht in den Stoßzeiten, weil sich sonst sofort ein Anderer dazwischenschieben würde. Dabei ist dem Fahrer ja ausdrücklich gesagt worden, dass er ruhig dichter auffahren darf, sehr dicht sogar, wenn er nur genügend versetzt fährt und dabei an die nach vorn immer breiter werdende Schleppe des Vorausfahrers (Abbildung 26) denkt.

Oder – aber damit soll es dann genug sein – die dringende Forderung, weit genug vorauszuschauen und in die Kurve hineinzuschauen und hinter die Kurve zu schauen, ein Verhalten, das jedem einleuchtet und auch jeden sofort begeistert, wenn er es auf einer schwierigen Strecke erst einmal ernsthaft ausprobiert hat, und das dennoch so schwer beizubehalten ist. Da hört man dann, oft fast beschwörend, wie wichtig es aber auch sei, die Fahrbahn direkt vor dem Motorrad zu beurteilen, wegen Öl und Sand und Gegenständen, die auf der Straße liegen, oder Hindernissen, die sich im Nahbereich plötzlich in den Weg schieben könnten. Der Vorbehalt übersieht, dass es ein sogenanntes indirektes Sehen gibt, durch das „augen-blicklich" die Stelle des schärfsten Sehens, nämlich der Blickpunkt, herbeigeholt wird, sobald sich in der Peripherie des Gesichtsfeldes, allemal im näheren Blickpunktumkreis die geringste Auffälligkeit andeutet.

Nun könnte man ja diese Einwände auf sich beruhen lassen, in der Hoffnung, dass sich der Trainingserfolg allmählich doch noch, wenn auch vielleicht verzögert, einstellen wird. Aber diese Einwände bilden ein wichtiges Hemmnis für den Trainingserfolg. Konrad *Lorenz* wird der Satz zugeschrieben:

Gesagt ist nicht gehört,
gehört ist nicht verstanden,
verstanden ist nicht einverstanden,
einverstanden ist nicht angewendet,
angewendet ist nicht beibehalten.

Da steckt große Weisheit in jeder Zeile. Der Satz gehört groß über jede Schulung, bei der es um Verhaltensänderung in irgendeiner Form geht. Uns interessiert an dieser Stelle vor allem das *Einverstandensein* als eine wichtige Voraussetzung. Mangelndes Einverständnis ist ein Lernhemmnis ersten Ranges; und Einwände sind nun einmal Ausdruck eines verminderten Einverständnisses und wirken damit mindestens als Lernbremse, wenn nicht als Lernblocker.

Das war mit der Überschrift gemeint: *Fallen Sie sich nicht selbst in den Arm!*